伝えたい旬菜と行事食

日本の四季ごちそう暦

髙橋敦子

女子栄養大学出版部

［月の名前］
睦月（一月）／如月（二月）／弥生（三月）／卯月（四月）／皐月（五月）／水無月（六月）
文月（七月）／葉月（八月）／長月（九月）／神無月（十月）／霜月（十一月）／師走（十二月）

はじめに

かつて人々が、わが国を「豊葦原瑞穂国《とよあしはらのみずほのくに》」とほめそやしたように、日本には、主として稲作農耕をもって生活し、文化をはぐくんできた長い歴史があります。そのため、古代から数多くの神々を祭り、豊穣を祈る風習が伝わっています。

中国から伝来した五節句は、季節の植物から生命力をもらい、邪気を祓《はら》う目的でした。それが日本の風習と合わさり、宮中で邪気を祓う宴会となりました。その後、江戸時代に五節句は一月七日(人日：じんじつ)、三月三日(上巳：じょうし)、五月五日、(端午：たんご)七月七日(七夕：しちせき、たなばた)、九月九日(重陽：ちょうよう)が式日として定められました。明治時代に入るとこの制度は廃止されましたが、民間行事として現在に至るまで続いています。

節句ではいずれも季節に見合った供物を神にささげ、それを人々がともに飲食する直会《なおらい》が行なわれます。そこで供される食物が、ハレの日の行事食とされるようになりました。民俗学では、日常を「ケ(褻)」、儀礼、祭りは「ハレ(晴れ)」といいます。

一年の暦《こよみ》に基づく行事を「年中行事」といい、その時々に供される食事を「行事食」といいます。行事食は古き時代の人々の知恵によって生まれ、そして時代の流れとともに若干の変遷を重ねながら、今日に脈々と伝わっているものです。

近年、冠婚葬祭は、専門業者にゆだねることも多くなりました。家族構成や食環境の変化により、行事食の多くが家庭内から外食産業へと移行しつつあります。また、食品情報の広域化に伴い、全国画一化する傾向がみられます。端的な例をあげれば、一九七〇年代以降、元来は江戸の風習である大晦日に「年越しそば」を食べる習慣が、日本中に広がりました。以前は関西、四国地方はうどんを、沖縄は沖縄そばを食べていましたし、元旦、小正月に食べる地域もありました。このようなことから、この本をきっかけにして、自分の住んでいる地域に、どんな行事食があるか、またその由来、内容などについて検証してみるのも楽しみなことではないでしょうか。

季節のごはん物

睦月【一月】

小豆（あずき）がゆ

七草がゆ

雑煮（関西風）

雑煮（関東風）

作り方 P.113

　雑煮は、正月に家々で祭られる歳神に供えてある神饌《しんせん》（供えてある飲食物）を皆で食べる直会《なおらい》の料理です。神に供えた餅やその土地の産物をいろいろと煮て作るので、文字通り「雑煮」といいます。現在のような雑煮は、元禄時代以後に見られるようになりました。

　雑煮に使う食材や味つけなど地域性が強く、食習慣もそれぞれの地域で違うものの、大きく分けて東日本と西日本において違いが見られます。端的な例をあげると、京都の雑煮は丸餅をゆでて使い、白みそ仕立て。「人の頭に成《な》れるように」と頭芋（八つ頭）、「地にしっかり根を張るように」と大根を入れます。東京の雑煮は角餅を焼いて使い、すまし仕立てです。「名をとる」といって小松菜と鶏肉を入れ、その上に浅草のりをのせます。

　餅の形の違いは、西日本では宮中文化の影響があり、宮中の餅が１つずつ丸めて作っていたからのようです。また、丸い形には「物事を丸める」「円満」「角が立たないように」という意味が込められているといわれます。

　東日本地域の角餅は、のした餅を切って作ります。「敵をのす」という意味があるといわれますが、武士文化や江戸庶民の生活から影響されているようです。武家では多くの親族や家来に餅を配るため、丸める手間をかけないためであり、江戸の長屋住まいの庶民は、賃餅搗屋《ちんもちつきや》が各長屋をまわって一臼《うす》ずつ餅をついてまわり、それを各家庭でのして四角く切っていたからといわれます。

五節句のコラム　一月七日（人日《じんじつ》の節句）

　「人日」とは、「七日《なのか》正月」ともいわれ、中国の古い習俗に由来します。元旦から七日までの各日に「雉《きじ》、狗《いぬ》、猪、羊、牛、馬」の順に獣畜を当てて占いを立て、七日目に「人」の占いをしていたため、人を尊重する日と定められ、「人勝節《じんしょう》」といっていました。

　わが国ではこの日は、大正月（一月一日）の終わり、小正月（一月十五日）の始めとして、一年の邪気を祓《はら》い、万病を除くために、七種《ななくさ》（七草）がゆを食べます。七草とは、「芹《せり》、薺《なずな》、御形《ごぎょう》、繁縷《はこべ》、仏座《ほとけのざ》、菘《すずな》、蘿蔔《すずしろ》」です。

　平安時代の七種粥は「米、粟《あわ》、黍《きび》、稗《ひえ》、葟子《みの》、胡麻《ごま》、小豆《あずき》」を炊いたかゆでした。それに由来し、「これで、お正月もおしまい」と小正月には小豆がゆを食べます。

如月【二月】

各季節が始まる日（立春、立夏、立秋、立冬）の前日のことを「季節を分ける」という意味で「節分」といいます。

　立春は一年の始めとされていて、その前日である「節分」には、一年の締めくくりをする行事として、夜に豆まきをします。これは「鬼打豆《おにうち》」と称した、いった大豆をまく習慣です。鬼打豆を「福豆」といい、「福はうち鬼は外」と唱えながらまきます。これには、邪気や災難を祓《はら》う意味があります。そして節分の夜に、この豆を歳の数と同じだけ食べる習わしになっています。

　豆まきの大豆を使って立春や二月の行事食にいり豆ごはんを作ります。黒豆を使ってもよく、黒豆ごはんは黒大豆の煮汁で炊くので、藤色に炊き上がってきれいです。藤ごはんともいわれます。

　二月に入って初めての午《うま》の日が「初午《はつうま》」。京都伏見の稲荷神社に神様が降りた日とされるため、稲荷神社の祭りです。お社の使い姫が狐、という言い伝えから、狐の好物の油揚げが供えられます。ハレの日にはすしをふるまうことが習わしですので、稲荷ずしを作ります。

　もう一つ、太巻き寿司をハレのごはんとして紹介します。日本料理で「巻く」は、「福を巻く」に通じるとして、ハレの料理に使います。

　立春からは、春の足音が聞こえてくるようです。旬の野菜を使った芹《せり》ごはんや早蕨《わらび》ごはん、大根菜飯などで春の香りを味わい、季節感を楽しみます。

いり豆ごはん

稲荷（いなり）ずし

巻きずし

作り方 P.113－114

五目ちらしずし

嫁菜飯

作り方 P.114—115

弥生【三月】

桃の節句のひな祭りには、宮中ではおひな様のお膳に「赤の御飯(うるち米を使用した赤飯)」を上げ、おひな様といっしょに食べていました。春らしいひな祭りの行事食として、五目ちらしずし(ばらずし)をお祝い膳にのせます。五目ちらしずしの飾りは、春の三色をとり入れ、錦糸卵は菜の花、ピンクのそぼろは桃の花、さやえんどうや木の芽などで若草を表わし、エビや花蓮《はなばす》も加えて彩りよく飾って祝います。

そのほかに桃の節供《せちえ》としては、春が旬の、二枚貝の蛤《はまぐり》を蛤ずしにして菱形《ひしがた》の物相《もっそう》(松、梅、扇、菊形などごはんの型抜きのこと)で形作ったものや、おひな様にかたどったごはんに卵黄の裏ごしやクルマエビをのせた雛飯《ひなめし》もあります。

春の小川の土手や畦《あぜ》道に、嫁菜が芽をのばしています。これを摘んで菜飯にします。これぞ春の香りの嫁菜飯。

五節句のコラム　三月三日(上巳《じょうし》の節句、ひな節句)

上巳の節句は、旧暦の三月の最初の巳《み》の日を指します。中国ではこの日は、川のほとりに男女が集まって、災厄から免れたり、不浄を除くための祓《はら》いや禊《みそぎ》を行なっていました。また、人形《ひとがた》で身体をなでて汚《けが》れを移し、これを身代わりに川や海に流して災厄を祓いました。これが流しびなやひな人形に発展し、わが国では、室町時代以降、ひな祭りとして盛んに行なわれる行事となっています。人形を飾ることや季節的にも女子の節句として適当であったため、江戸時代から庶民の間にも定着しました。

卯月【四月】

竹の子ごはん
桜強飯（さくらこわめし）
菜種ごはん

作り方 P.115

　わが国は、ほぼ一年中、それぞれの季節を節目として、野山に美しい花が咲きます。その中で「花見」といえば、桜の花を指します。日本人は、たくさんの花の中から、特に桜の花を愛でています。厳しい冬から春の季節の折り目に、華やかに爛漫《らんまん》と咲く桜の花を見て、今年も春がやってきたことを実感できる喜びに浸り、一方で、吹く春風に、いさぎよく散っていくありさまに、人の世の儚《はかな》さを映すこともあるから、といわれています。

　本来は山の神を迎え、物忌《ものい》みのため家を空け、集団で出かけるという信仰行事がありました。それが、次第に花見などの春の行事となりました。太閤秀吉が行なった「醍醐《だいご》の花見」はとても有名です。

　満開の八重桜を1つずつ切って、白梅酢に漬けてかわかすと桜色のきれいな塩漬けができます。これを水に放して塩抜きをして料理に使います。また、桜の花の美しさを愛でて、おめでたい席に桜湯に用いられます。また、前の年の大島桜の葉を塩漬けにして保存します。桜の季節のごはん料理に、飯をピンク色に染めた桜の花と葉の塩漬けの香りのよい桜強飯を作ります。

「筍《たけのこ》」（竹の子）の文字のように、旬のときにしか味わえない竹の子ごはん。竹の子は孟宗竹《もうそうちく》の白くやわらかい部分を使います。えぐみも少なく、独特の香りと触感のごはんです。

　四月の黄色花といえば菜の花です。春の畑菜の黄色い花と緑が一面に彩り美しく広がっています。この時季の旬を表現する「菜種和え」といえば、いり卵で和えた料理です。ごはん料理には、卵の黄身の色と緑鮮やかにゆでたグリーンピースで、菜種ごはんを作ります。

皐月【五月】

「夏も近づく八十八夜……」で始まる「茶摘み」の歌は、文部省唱歌として歌われて有名です。農事暦では立夏のころで、立春の日から数えて八十八日目に当たります。このころは、農家にとって最も忙しい時期です。八十八を組みあわせると〝米〟という字になることから、農業に従事する人々にとっては大切な日です。

目に染みる緑鮮やかな青葉が出そろう五月ごろ、端午の節句につき物なのは「粽《ちまき》」です。ここでは、ゆでた細巻《さいま》きエビか、タイのこぶじめをすし飯にのせて粽の形に包んでちまきずしにしました。もう一つのすしは、エビ、サヨリを馬をあやつる手綱のように、色違いの紋様に並べた手綱ずしを作ります。

五月は山菜の季節でもあります。わらびやぜんまいを炊き込みごはんにして季節の香りや滋味を味わいます。また、この時期として「走《はし》り」のそら豆を使って緑の色が鮮やかなそら豆ごはんもよいでしょう。

わらび飯

ちまきずし

手綱（たづな）ずし

作り方 P.115－116

五節句のコラム　五月五日（端午《たんご》の節句）

「午《うま》」は、「ご」とも読むため、「五」に通じます。もともと旧暦では午の月は五月に当たり、この午の月の最初の午の日を節句として祝っていたものが、後に五が重なる五月五日が端午の節句になったといいます。「端」は物事のはし、つまり「始まり」を意味します。

古くはこの日に薬草摘みを行ない、摘んだ蓬《よもぎ》や菖蒲《しょうぶ》を門口に飾って邪気を祓《はら》う風習がありました。菖蒲の語が「尚武《しょうぶ》（武を尊ぶこと）」に通じるとして、武士の台頭につれて武家にふさわしい日とされ、江戸時代以後、男子の出世を願う祝日となり、男子の節句となりました。武家で甲冑《かっちゅう》や幟《のぼり》を飾ったのにならい、町人も武者人形などを飾り、鯉幟《こいのぼり》を立てるようになりました。

水無月【六月】

陰暦の六月一日に、「忌火御膳《いむびのごぜん》」といって、宮中では天皇の食事を司る内膳司《ないぜんのつかさ》が、不浄の火を改めて新しくきった（浄めた）火で炊いたごはんを神に供え、無病息災を祈る行事があります。

水無月は「水の月」の意味で、旧暦では夏の終わりにあたり、この時季に水田に水がないと稲が開花結実しないので、農業の神の祭礼が盛んに行なわれます。また、江戸時代には、六月一日を「氷の朔日《ついたち》」「氷室《ひむろ》の節句」ともいい、氷餅を祝って食べる習慣がありました。

六月前後になると鮎《あゆ》が解禁され、日本の味が満喫できます。若鮎《わかあゆ》は川藻を食べるので独特の香りがあるところから「香魚《こうぎょ》」といわれます。焼き鮎は香りが一段とよいので、おこわにしました。また、獲れ始めの天然の稚鮎《ちあゆ》を一尾まるごと姿ずしにしたりします。

うっとうしい季節として嫌がられる梅雨のころ。緑鮮やかな新茶の茶葉をさっと開かせ、塩とともに熱い白飯に混ぜると、さわやかな色と香りの新茶葉飯ができます。

また、この時季のごはんには、旬の新しょうがを刻んで炊き込んだ新しょうが飯や、青じそと梅干しを混ぜた梅ごはんがあります。しょうがも梅干しも古くから殺菌作用があることが知られているので、この時季に腐敗防止を考えての知恵でしょう。

アユおこわ

新茶葉飯

作り方 P.116

五色そうめん
ハモ皮ごはん

作り方 P.116－117

文月【七月】

素麺《そうめん》は奈良時代に中国から伝来し、細い麺のことを索麺《さくめん》、麦縄《むぎなわ》と呼んでいました。麺類は細く長いことから、長寿を願ってのハレの料理とされました。そうめんが七夕の行事食となったのは、日本古来の「棚機《たなばた》つ女《め》の伝説」、と牽牛星と織女星の天の川伝説が合わさって、機織《はたおり》や裁縫の上達を願うものとなり、五色の糸になぞらえて五色そうめんを食べるようになりました。

夏に旬を迎える鱧《はも》は、京都の「祇園祭り」の祝い膳に欠かすことのできない食材で、様々な料理で味わいます。ハモの身を骨切りして照り焼きにしたハモずしは、祇園祭りの代表的な行事食です。ここでは、旬のハモ皮を焼いて骨を抜き、細く切ってごはんに混ぜてハモ皮ごはんにしました。ハモ皮と相性のよい新ごぼうをとり合わせた夏のごちそうで、関西の名物料理です。

五節句のコラム　七月七日(七夕:しちせき、たなばた)

七夕は旧暦の七月七日のことで、現在は東京をはじめとして新暦七月七日に行なう所が多い行事です。しかし、有名な仙台の「七夕まつり」のように、月遅れで八月に行なう所もあります。

古事記に記されている「棚機《たなばた》つ女《め》」(織女が機屋に一晩こもって神を迎え、村の災厄を持ち帰ってもらう)の伝説と、中国から伝来した牽牛星と織女星の星祭り伝説とが習合した行事です。

また、豊作を祖霊《それい》に祈る祭りとして、一年の前半期の畑の収穫物である麦や瓜《うり》類を霊前にお供えすることが合わさった行事でもあります。そもそも、七夕とはお盆行事の一環でもあり、精霊棚とその幡《はた》を安置するのが七月七日の夕方であったため、「七夕」と書いて「たなばた」と発音する、といわれています。

葉月【八月】

旧暦の八月一日を「八朔《はっさく》」といいます。「朔」は「一日《ついたち》」のことです。この日は徳川家康が江戸城に移った日であることから、江戸開府の日として、徳川時代の祝日でした。また、八朔は農家の大切な祝日でもあり、新穀を贈答し合う習俗がありました。民間では「田実《たのみ》の節句」と呼び、田の実を配り合って祝うと共に、豊作を願って種々の儀礼が行われました。

先祖霊を供養する盂蘭盆会《うらぼんえ》は、一般に「お盆」とよばれます。仏教の行事で、七月十五日を中心に行われます。地方によっては、むしろ一か月遅れの八月十五日を中心に行なっているところが多くあります。盆には祖先の霊を供養することから、旬の食材を使った「精進料理」でごちそうします。

八月は暑さのために食欲が落ちてきます。料理は口当たりのよいものやさっぱりした涼味をとり入れて暑さをしのぐくふうをします。炊きたてごはんに、枝豆を入れて塩味の枝豆ごはんにすると、さわやかな味と色が楽しめ、食欲が出てきます。夏場のごはんとして最高です。

また、夏場の穴子《あなご》は脂がのっておいしくなります。裂きアナゴを白焼きにしてたれを塗り、実ざんしょうと共に飯《いい》蒸しにします。アナゴ独特の香りと味で食欲がわいてきます。

アナゴ飯

枝豆ごはん

作り方 P.117

むかごごはん

菊おこわ

萩（はぎ）おこわ

作り方 P.117

長月【九月】

陰暦八月十五日は「中秋の名月」です。供え物をして月を愛でます。中国では、月餅《げっぺい》などを供えて観月の宴を行ないました。わが国でも中国にならって、まず宮中で月見の宴が催されるようになり、それが広く伝わっています。

この時季は山、海、川、里の幸の豊かな時節です。零余子《むかご》、銀杏《ぎんなん》、菊花などは秋の到来を感じさせるのに充分な食材です。

むかごは山芋の葉のつけ根にこぶのようについている肉芽で、山芋と同じ味がします。この時期しか味わえないのがむかごごはんです。

また、旬の食材のぎんなんと大納言を使って秋の七草の萩を模して彩った萩おこわや、おこわの上に黄色と赤色の菊の花を飾って菊おこわとし、美しい秋の風情を楽しみます。

五節句のコラム　九月九日（重陽《ちょうよう》の節句）

重陽の節句とは、旧暦九月九日をいいます。奇数は陽数といい、縁起のよい数字とされました。その陽数の極で、いちばん大きな数である「九」が重なることから「重九《ちょうく》」とも呼ばれ、めでたい日とされました。

中国では菊の花が長寿によいと信じられていたため、この日に菊の花を飾り、「登高《とうこう》」といって高い丘に登って菊の花びらを浮かべた酒をくみかわしたり、前夜に菊に綿を置いて露を染ませたもので身体をぬぐったりして、邪気を祓《はら》って長寿を祈る風習がありました。これがわが国に伝わり、宮中では長寿を祝う節句として「観菊の宴」が開かれていました。江戸幕府にとっても公的な年中行事として祝われていました。しかし、民間ではこの習慣はすたれてしまい、さほど定着していない行事となっています。

サバ棒ずし

栗ごはん

作り方 P.118

神無月【十月】

「神無月《かんなづき》」は、日本中の神々が出雲へ参集され、お宮はからっぽになるということから、こう呼ばれています。この月は、神様がご不在となると不安になるので、家の中には荒神様が留守番として残る、といわれています。日本の神様は本質的には祖霊の神格化されたものですが、機能的には農業の神で、春と秋に去来するという古い神観があり、これが暦と結びついて神様が出雲に参集される「神無月」というメカニズムができ上がったのです。ちなみに、神様が参集される出雲地方では、この月を「神在月《かみありづき》」と呼びます。

この時季に脂がのる秋鯖《あきさば》でサバずしを作ります。しめサバにすし飯を合わせて棒状に作ります。京都では季節を問わず、各種祭りやハレの日の行事には作られます。山に囲まれた京都では、若狭でとれた新鮮なサバを浜塩をし、一夜かけて若狭街道（俗に鯖街道ともいう）を通って京の町に持ち込んだからで、着くころには、しめサバや棒ずしによい、ほどほどの塩加減となっていたため、京都のハレの食材となったのです。

竹の皮に包んで数時間おいたものは、豊かな味になります。竹の皮に包んだサバずしを「バッテラ」というのは、ポルトガル語でボート（小舟）という意味のことだそうです。

日本の秋の山の実りである栗をごはんに炊き込みます。渋皮つきでおいしく炊き込む渋皮栗ごはんや栗を焼いて炊き込んだ焼き栗ごはんもよいものです。栗赤飯は、この時期ならではの旬のお祝い膳になります。

秋色が深まる十月、秋の香りを伝えてくれる食材はなんといってもきのこ。「香り松たけ、味しめじ」、天然物のまいたけ、ひらたけ、くりたけなど目白押しです。これらを炊き込んだきのこごはんは、まさに秋のごはん。その中でもいちばんは松たけごはんでしょう。

霜月【十一月】

タイ飯

吹き寄せおこわ

赤飯

作り方 P.118

飯《めし》は「召し上がる」の「召し」の転訛《てんか》といわれます。昔は、米を蒸し上げて作ったものを「強飯《おこわ》」と呼んだのに対して、お米を炊いて作ったものを「比目飯《ひめいい》」と呼びました。正月二日にその年初めて炊くごはんを「若飯《わかめし》」といい、この行事を「ひめ始め」といいます。平安時代には赤米や黒米などで炊いたために飯が赤く色づいたことが、「姫飯《ひめいい》」と呼ぶゆえんといえるかもしれません。またこれが現在の赤飯の由来といわれます。

この時季に新豆が出回る小豆《あずき》で作った赤飯を紹介します。京都の商家出であった明治生まれの私の母親は、生家では月々の「事始め」として毎月一日に小豆飯を炊くという行事をしていたと、折にふれて話してくれました。このように、お赤飯は季節の物というわけではなく、昔から事始めや祝い事にいつでもお赤飯が作られました。結婚式や七五三、入学式、卒業式などに、お祝いとして赤飯を作り、それをお重に入れて親戚や親しい人、ご近所に配りました。

木々が鮮やかに色づいて暮れゆく秋。このころは、山海の珍味に豊富に恵まれます。これらの食材を使って紅葉の山をイメージした彩り美しい「吹き寄せおこわ」を作ります。食材を抜き型でもみじやいちょう形にすると、より風情が増します。

春と秋が旬の真鯛《まだい》一尾を塩焼きにして、それを土なべで炊き込んだごはんは、だしが出てたいへんおいしく炊けます。切り身を使ってもよく、仕上げにゆずを散らすとまさに季節の香りが満喫できます。

年越しそば

松前強飯（まつまえこわめし）

作り方 P.119

師走【十二月】

一年を締めくくる十二月、この時季を「年用意《としようい》」といい、十二月は十三日を年用意の「事始め」としています。この日から農山村の風習であるしめ縄作りを始めます。しめ縄は稲わらで作り、細く編んだ物を「ごぼうしめ」、太いのは「大根じめ」といいます。このほかに、正月飾り用の橙《だいだい》、串柿、こんぶ、裏白《うらじろ》、ゆずり葉などを準備していきます。

十二月は冬至がやってきます。冬至は二十四節気の一つで、昼間の時間がいちばん短い日です。民間では柚子《ゆず》湯を立てて入浴します。これは、薬湯を浴びて病魔を祓《はら》うためです。この時季のゆずは果皮が黄ばむので黄ゆずと呼びます。ゆずが白い花を持つのは初夏のころで、これを花ゆずと呼びます。花の後は小粒の果実となり、これを青ゆずと呼びます。それぞれの時季に料理にあしらい、その香りで季節感を感じさせます。

冬至の行事食には、冬至がゆ（小豆《あずき》がゆ）、冬至南瓜《かぼちゃ》、冬至こんにゃくなど特定の食物を食べる風習もあるようです。これらを食べるのは、厄を祓うとか風邪をひかないなどという言い伝えからのようです。

冬の海はうま味を蓄えたフグ、カニ、エビ、カキ、グジ（アマダイ）、サケなど、旬の魚がいっぱいです。これらを焼いたり、煮たりして、白蒸しにしたおこわにのせて飯《いい》蒸しにします。松前強飯として、こんぶとサケとイクラをのせました。盛りつけたら器ごと蒸し、熱々に温かくして供します。

大晦日は一年最後の日。この日に「餅つき」をして神様に餅や野菜などをともに供えました。これらを使って煮しめや雑煮を作り、大晦日の夜に歳神様を迎える直会《なおらい》として食べていました。

また、大晦日に、年越しそばを食べるのは、そばのように長く、幸福に、寿命を延ばすことができますようにという願いを込めているといわれます。

【春の菓子】

◉草餅
◉桜餅
◉花びら餅

新年の宮中では正月行事として「菱葩餅《ひしはなびらもち》」を入れた雑煮が作られていました。その餅を裏千家が許可を得て、初釜のお菓子として用いたのが始まりです。白餅を薄く円形に作り、赤い菱餅（赤色は小豆《あずき》の汁で染める。赤色には邪気を除く意味がある）、やわらかく煮た袱紗牛蒡《ふくさごぼう》（歯固《はがた》めの押鮎《おしあゆ》に見立てた二本のごぼう）、あん（雑煮を意味して白みそ）をのせ、半分に折りたたんだお菓子です。

三月三日のひな祭りには、「三色ひなあられ」「菱餅」「蓬《よもぎ》餅」などをひな壇に飾ります。三色は、ピンク色が桃の花、白色が雪、緑色が若草を表わしています。春の野山を思わせる若草は蓬。早春の野原や川の土手に芽吹く春の香りの蓬を餅に入れてついたものが蓬餅です。

桜餅は、美しく桜色に染めた道明寺糒《どうみょうじこ》のふっくらとした口ざわりの餅を桜の葉で包み、その香りを餅に移します。クレープ状の皮であんを包んだものもあります。花見の時季の春のお菓子です。

作り方 P.133－134

季節の魚料理

睦月【一月】

マナガツオの西京焼き
たたきごぼう
数の子
田作り

作り方 P.119—120

元旦に祝う行事食は、祝肴《いわいざかな》（三種肴）、屠蘇《とそ》、雑煮です。祝肴には数の子、田作り、黒豆、こぶ巻き、たたきごぼうがあり、これらは、おせちを代表するものとして欠かせません。

数の子は子孫繁栄の、田作りは五穀豊穣の縁起物とされます。黒豆は黒色が邪除けの色として尊重されていますし、語呂合わせで「まめに暮らせるように」と願いが込められています。こぶ巻きは「喜ぶ」に通じ、子生《こぶ》から「子供が生まれる」、また「幸せを巻き込む」ともされ、めでたい席に欠かせません。たたきごぼうは、黒いごぼうが、豊年のときに飛んで来るといわれる黒い瑞鳥《ずいちょう》を示し、また黒色が聖なる色であるためです。

新春の味の真魚鰹《まながつお》は冬が旬です。「西海にサケなく、東海にマナガツオなし」といわれ、紀州以南でとれる魚です。関西地方では最高級の魚とされ、真魚《まな》とは味のよい魚を意味し、その名のとおり身はやわらかくおいしい白身です。二キロ前後の大きさのものが最もおいしいとされます。水分と脂質が多いので、生では刺し身に、切り身にして柚庵焼き、みそ漬け焼き、揚げ煮などで供します。おせちの焼き物には、西京みそ漬け焼きや柚庵焼きを用います。

東北や関東地方では、昔から暮れの贈答品におめでたいものとして新巻きザケを贈っていました。昔は保存性を高めるために塩辛いものでしたが、現在は、流通や冷蔵・冷凍技術が発達したため、うす塩味の新巻きザケになっています。そもそもサケには寄生虫の存在の恐れがあるので、昔から生食はせずに塩蔵品にしていました。今では一年じゅう、生ザケが出まわり、焼き物、蒸し物、揚げ物などに使われます。これは日本のみでなく、アラスカやノルウェーのサケが輸入されるからです。

このほかの正月の魚料理としては、北陸ではブリの刺身やかぶらずしや柚庵焼き。東京では赤い酢ダコにコノシロの粟《あわ》漬け。京都ではアマダイやマナガツオの西京漬けやヒラメの竜皮《りゅうひ》こぶじめ。金沢ではマダラのこぶじめ。このように地域によって異なる魚が用いられています。正月のハレの料理として、家々での伝統料理が作られるのでしょう。

屠蘇《とそ》とは

屠蘇は肉桂《にっけい》、山椒《さんしょう》、大黄《だいおう》、白朮《びゃくじゅつ》、桔梗《ききょう》、細辛《さいしん》、乾姜《かんきょう》、防風《ぼうふう》などを三角の紅《もみ》の帛衣《きぬぶくろ》に入れて酒やみりんに浸して作ります。屠蘇は年少者から順番に東を向いて飲むというしきたりがあります。

如月【二月】

節分には、柊《ひいらぎ》の枝に鰯《いわし》の頭を刺して門口にさして邪気を祓《はら》う風習があります。これは、柊の針で鬼の目を刺し、イワシを焼く煙と臭いで邪気を祓うという意味があるようです。

イワシは、「鰯」「弱魚」「鰮」と書かれるように「弱い」の字がつけられています。その字が表わすとおり、鮮度が落ちやすい魚で、うろこがきれいについていてピンとそり返っているものが新鮮です。

真鰯《まいわし》は、日本各地の沿岸性の回遊魚で、東シナ海から樺太に北上し、これを「上りイワシ」といいます。二～三月ごろは脂がのってとてもおいしい時期です。大きさによって、二十センチくらいを大羽《おおば》イワシ、十五センチくらいを中羽《ちゅうば》イワシ、十センチくらいは小羽《しょうば》イワシといいます。

新鮮なものは手開きし、塩をしてから酢じめにし、すし種やなますにします。酢じめにしたイワシを卯の花（おから）を使って和え物にしたり、すしにしたりします。大羽イワシ一尾ごと塩焼きにして柊を飾れば、節分のハレのごちそう料理になります。イワシの梅肉煮やしょうが煮、みそ煮、そして団子にして汁物やなべ物などにするのもおいしいものです。

この時季のこのほか魚には、寒サワラ、イシガレイ、ムツ、アンコウ、キンキ（キチジ）、マダラの卵などがあり、脂肪がのった魚は焼いても煮てもおいしいものです。

鮃《ひらめ》は鰈《かれい》と似ていますが、両目が左側にあるものがヒラメで、右側にあるものがカレイなので「左ヒラメ、右カレイ」といって区別します。天然ヒラメは秋から脂がのって身が充実してきて、「寒鮃《かんびらめ》」の言葉通り、冬においしさが頂点となります。今では、ヒラメの養殖が盛んに行なわれているので、一年じゅう味わえますが、天然物は特に白身魚を代表する高級魚で、生食に適しているため、刺し身、洗い、すし種などにします。

寒い冬に採れた公魚《わかさぎ》や寒蜆《かんしじみ》は、身がしまっておいしいものです。ともに霞ヶ浦や宍道湖《しんじこ》などのものが有名で、二月を旬として出まわります。

イワシの塩焼き
イワシの卯（う）の花ずし
イワシの卯の花和え

作り方 P.120

弥生【三月】

サザエのつぼ焼き

サヨリの桜じめ　苺（いちご）アカガイ

作り方 P.120

霜が降り始める十一月ごろから、地中から虫がはい出すという啓蟄《けいちつ》の翌春の三月ごろまでが貝類の旬です。

ひな祭りの献立に、蛤《はまぐり》、赤貝《あかがい》、浅蜊《あさり》、平貝《たいらがい》、水松貝《みるがい》、鳥貝《とりがい》、青柳《あおやぎ》、帆立貝《ほたてがい》、栄螺《さざえ》と貝づくしの料理を作ります。

ひな祭りには欠かせないものとして、ハマグリやアオヤギなど貝を使ったぬたを作ります。アカガイ、タイラガイ、トリガイ、サザエなどは刺身にします。また、サザエをつぼ焼きなどにして、お節句の献立が作られます。

アカガイをおろし、表面に格子状に包丁目を入れてたたくと丸く縮んで苺の形になることから苺貝といい、女の子の節句らしくかわいらしく作ります。

針魚《さより》は、三～四月が産卵期で、特に岸近く寄ってくるので、この時季にたくさんとれます。身が美しく、淡白で上品な味のため、刺身にします。サヨリを桜の花の塩漬けをいっしょにこぶじめにしたものと、二品を盛り合わせると、彩りが美しく、ひな祭りやお花見の春の演出に向く料理になります。このほかに、酢の物や和え物、椀種、天ぷらなどの料理にも向いています。

冬の寒さの中で春を知らせてくれるのが白魚《しらうお》です。とても繊弱《せんじゃく》な魚で、生きているうちは透明ですが、加熱すると白色になるので白魚と呼ばれます。徳島県や島根県では氷のように透明な魚という意味で氷魚《ひうお》ともいいます。卵とじや椀種として見た目も味も上品な料理になります。

この時季の春を告げる魚として、ニシン、シマアジ、アイナメなどもよく使われます。

卯月【四月】

タイの桜蒸し
イカの白煮

作り方 P.121

桜が咲くころの鯛《たい》を「桜鯛《さくらだい》」と呼びます。この時季のタイは、産卵のために紀伊水道を通って瀬戸内海に入って来るためと、体が桜の花のように美しい鮮紅色をしているためにそう呼ばれます。桜鯛はくせのない、甘美で淡白なのがおいしさの決め手でしょう。

タイはおめでたい魚として祝いの膳の主役です。恵比寿様が釣った魚で「めでたい」から「タイ」と命名されたなど諸説ありますが、風格からしても魚の王者です。そのため、タイという名前のつく魚は百種類以上もあるといわれますが、本物のタイは「マダイ」といって区別されます。

タイは何といっても刺し身がいちばん。「姿作り」「活《い》け作り」「松皮作り」にします。焼物も、ヒレと尾をピンと立てた姿焼きは、まさにおめでたい祝魚の姿といえるでしょう。

頭を使った「タイの兜焼《かぶと》き」は五月の節句の膳にのぼりますし、頭とあらは潮汁《うしお》に、そうめんと合わせた愛媛の「麺《めん》かけ」、広島の「鯛麺《たいめん》」、瀬戸内の「浜焼き」や「鯛飯《たいめし》」、冬の京都のかぶらと、タイの身とあらをたいた「鯛蕪《たいかぶら》」、などが各地域でおめでたい料理として使われています。

イカには多くの種類があります。コウイカ、ヤリイカ、ケンサキイカ、アオリイカは、本州、四国、九州に分布しています。冬から春にかけてのコウイカは身が厚いので、刺し身やすし種に向きます。また、焼いたり煮たり天ぷらにしたりしてもおいしいものです。四月のころからアオリイカやヤリイカが出まわり、刺し身にすると最高においしいイカです。ホタルイカは北海道から本州にかけて広く分布しますが、特に富山県が産地として有名です。スルメイカは四月から秋ごろまでが旬で、北海道から本州、四国、九州までと広く分布しています。肉質はやわらかく、新鮮なものは糸作り、鳴門巻きの刺し身にします。天ぷらの種にもよく使われます。また、皮側に松笠《まつかさ》に包丁目を入れ、白煮、黄身焼き、ウニ焼きにすると美しい料理になります。

そのほかの春の味としては、チダイ、アマダイ、ヒラメ、メイタガレイ、ホシカレイ、メバル、トビウオ、アイナメなどがよく用いられます。

カツオのたたき
カツオの赤身造り
アイナメの木の芽焼き

作り方 P.121

皐月【五月】

鰹《かつお》は黒潮に乗って南の海から房州沖や銚子沖へと北上してくる回遊魚です。三月ごろからぽつぽつと店先に姿が見かけるようになります。春から初夏のものを初鰹《はつがつお》といい、「目に青葉　山ほととぎす　初鰹」と俳句にまで詠まれているほどですが、太って脂がのりおいしくなるのは五月のころのものです。カツオは鮮度が落ちやすい魚です。鮮度のよいものは、胸から尾部にかけてのカツオ独特の縦縞《たてじま》模様がはっきりしていて、背側は美しいコバルトブルーをしています。この季節のカツオは刺し身やたたきにします。

アイナメは二～五月まで出まわる魚で、沿岸の海藻の茂った岩礁地帯にすんでいて、その場所によって体の色が赤褐色や緑褐色などに変化します。関西地方は二～三月ごろがおいしく、関東地方は四～五月ごろに味がのります。アイナメは骨がやわらかく小骨が多い魚なので、おろした身をさらに「骨切り」してから使います。鮮度がよいと刺し身やスッポン仕立ての汁物がおいしいです。また、アイナメを柚庵地（しょうゆ＋みりん＋酒）に漬け、焼き上がりに刻んだ木の芽をふった木の芽焼きは、晩春の香りを楽しめます。アイナメを季節の竹の子とさやえんどうとたき合わせにしたり、から揚げにしたりしてもよいでしょう。

トビウオ、ササカレイ、マアジ、サヨリ、マナガツオ、イイダコ、ホタルイカ、ヤリイカ、イセエビなど、この時節が旬の魚介類は豊富にあり、いろいろな料理に供されます。

キスのこぶじめ　糸造り
カマスの筒切りの塩焼き

作り方 P.121―122

水無月【六月】

　初夏の味として、新緑映える清流におどる川魚の山女《やまめ》、岩魚《いわな》、そして鮎《あゆ》が尊ばれます。アユが解禁されるのは六月一日あたりから九月いっぱいまでです。アユは川で生まれて海に出て育ち、そして再び川をさかのぼってきて産卵します。その間の寿命はわずか一年なので、「年魚《ねんぎょ》」という別名もあります。アユの稚魚は日本じゅうの河川に住み、清流の岩についている珪藻《けいそう》類（水苔《こけ》など）を好んで食べるため、若アユは独特の香気があり、「香魚《こうぎょ》」とも呼ばれます。「川魚の王様」とも称され、珍重されます。その名の通り、アユの香りを味わうためには、内臓を除かずに調理します。若アユは塩焼きがいちばんです。夏の土用（立秋前の十八日間）を過ぎて秋めいてくるとアユが川から海に下ります。この時季のおなかに子（卵）を抱えた雌のアユも人気があり、「落ちアユの煮物」は絶品です。高知の四万十川、和歌山の紀ノ川、伊豆の狩野川、岐阜の長良川、長野の千曲川、千葉の利根川などのアユが有名で、それぞれの土地や川によってアユの味が違うそうです。

　鱚《きす》にはシロギス、アオギスがあり、食べておいしいのはシロギスです。五、六月が最盛期で、姿が美しく、肉質が淡白で上品な風味でおいしい時季です。鮮度のよいものは生で味わいます。身がやわらかい魚なので、三枚におろして立て塩（海水程度の塩辛さの塩水）に浸してしめるか、こんぶでしめるかして、糸作りやすし種にします。また、姿焼きや天ぷらにもよく、結びキスを椀種にした吸い物は縁起がよいとされています。

　カマスは白身の魚で、身はやわらかくて味が淡白です。初夏のものは脂がのって美味で、塩焼き、柚庵焼き、から揚げにします。また、干物の味は逸品です。

　イサキ、フッコ、ハマチ、シマアジ、カンパチ、タカベ、イボダイ、イシモチ、ヤリイカ、カレイ、ドジョウなども初夏の旬の魚です。

ハモの落とし

アジのしそ揚げ

作り方 P.122

文月【七月】

　祇園祭りは別名「鱧《はも》祭り」ともいわれ、ハモは京都や大阪の夏祭りにも欠かせない祝儀魚となっています。ハモは瀬戸内海や紀伊水道が主な漁場で、古くから関西地方の魚とされます。小骨が多い魚のため、おいしく食べるには、できるだけ細かく包丁目を入れる「ハモの骨切り」という調理技術を必要とします。夏に旬を迎えるハモは、本当に味わいのある魚で、さまざまな料理として味わえるため、「魚」偏に「豊」という字を当てた意味がよくわかります。京都の「切り落とし」や大阪の「ハモちり」は、骨切りした身を熱湯に落とし入れ、冷水で冷やして梅肉しょうゆやポン酢で食べる料理です。これらのような「ちり作り」や「落し」は夏のハレの料理です。このほかに焼き物、すし、吸い物が伝統料理として食べられています。身のところばかりでなく、真子（卵巣）や肝も味がよいので、たき合わせなどにします。また、ハモ皮も味がよいので、焼いて刻んで酢の物やごはんにして味わいます。

　またこの月は「七夕」や「土用の丑《うし》」などの行事が多く、イシモチ、イボダイ、タカベ、マダコ、アナゴ、スズキ、コチ、イシダイ、キス、ウナギ、アユ、ドジョウ、アワビなどが行事食によく使われます。

　鯵《あじ》はマアジを指し、日本の代表的な大衆魚です。「アジ」という名の通り、一年を通じて味がよいおいしい魚ですが、夏祭りのころに脂がのって、しかもたくさんとれて安く出まわるので、旬とされます。新鮮なものは、たたき、すし、なめろう（アジの身とみそ、香味野菜などといっしょにたたいたもの）、塩焼き、から揚げ、煮つけなどにされます。アジは青背魚ですが、白身に近いくせのない味のため、いろいろな料理に作られ、喜ばれます。

葉月【八月】

鮑《あわび》は、四月一日が解禁日で、夏を旬として味わいます。その味は貝の中でも最高のものといえるでしょう。しかし高価です。アワビには、雄《お》貝、雌《め》貝と呼ばれるものがありますが、これらは雌雄の違いではなく、品種が違うものです。雄貝と呼ばれるのはクロアワビのことで、肉質がかたいので刺し身として「水貝（大きめに角切りした刺し身を冷水や塩水に浮かべた料理）」にします。雌貝と呼ばれるのはメガイアワビのことで、赤っぽい肌をしていて肉質はやわらかく、酒蒸し、バター焼きにします。

　この時季が旬の太刀魚《たちうお》は、魚体が銀白色で、ピンと張ってスラリとした「太刀」のようになります。その姿からこの字が名に入るのです。この名から五月の節句のハレの料理に用いられます。タチウオが普通の魚と違うのは、背びれが長く、尾までついていることです。この背深くかたい背びれを除いて調理します。三枚におろした身に細ねぎを芯にとして八幡巻きにして焼きます。

　この時季が旬の鱧《はも》、鰻《うなぎ》、穴子《あなご》はウナギ目に属し、海底近くに生息するため、どれも体は円筒形で腹びれやうろこは退化しています。旬も六〜八月と同時季で、さらに、生食に不向きであるということも共通しています。その理由は、血液中に弱いたんぱく毒を持っているためです。

　ウナギとアナゴの見分け方は、下あごより上あごのほうが長いのがウナギ。反対に上あごのほうが長いのがアナゴで、体に小さな斑点があるのも特徴です。ウナギ料理の筆頭はなんといってもかば焼き。夏の土用の丑《うし》の日に食べることは有名ですが、通の人は脂が適度についている冬に食べるといいます。

　夏アナゴは、播磨灘《はりまなだ》から明石海峡にかけてすむものが身がしまっていておいしいといわれます。焼きアナゴをすしや茶わん蒸しの種に、かば焼きやアナゴごはん、ごぼうを巻いて八幡巻きにも。

　カマス、イシモチ、イボダイ、オコゼ、タカベ、マダコ、コチ、スズキ、川エビ、落ちアユも、この夏の季節の料理として供します。

アワビの酒蒸し

タチウオの南蛮焼き

作り方 P.122

秋サバの細造り

サバの柚庵焼き

作り方 P.123

長月【九月】

昔から「秋鯖《あきさば》は嫁に食わすな」といわれるほど、おいしいものの代名詞にも使われてきました。このサバはマサバ(ホンサバ)のことで、秋は、マサバには脂肪が十五パーセントもあり、脂がのってとてもおいしい季節です。夏が旬のサバはゴマサバのことです。腹の部分に黒い点々がみられるので容易に区別できます。

マサバは、腹側に金色のスジが入ったものが新鮮な証拠です。マサバが最高の味とされるのは、うま味成分のアミノ酸の含有量が高いからです。新鮮なサバを三枚におろし、多めの塩でしめてから酢じめにします。これを刺し身や棒ずし、バッテラにします。そのほかに柚庵焼き、立田揚げ、船場汁などで味わいます。ただし、「サバの生き腐れ」といわれるように、鮮度が落ちやすい魚なので、鮮度のよいものを選びましょう。

秋から冬が旬の伊勢《いせ》エビは、体長三十センチのエビの王様で、おめでたい席にタイと並んで登場します。これは、エビのように腰の曲がるまで元気でいられるということで、縁起のよいものとされたためです。刺し身、焼き物、汁物に料理されます。

車《くるま》エビは体の色は淡い青色で、十本くらいの黒い帯模様が入っており、体が曲がったときにその模様が車輪に見えることから命名されました。体長が二十センチ以下のものがクルマエビ、七〜十センチの小さいものをサイマキエビといいます。姿が美しく、味がよいので、刺し身、天ぷら、椀種、殻ごとの塩焼き、鬼殻焼きなど、ハレの料理に使われます。旬は八〜十一月といわれますが、今は、養殖が多いため旬はなく、生きたものがいつでも手に入るので、いろいろなごちそうに使えます。

サンマの有馬煮

ひと塩アマダイ　丹波栗

作り方 P.123

神無月【十月】

甘鯛《あまだい》は、赤甘鯛、白甘鯛、黄甘鯛の三種類が本州中部以南に分布し、旬は秋から冬にかけてです。アマダイは白身の魚で、水分が多いために身はやわらかいのですが、味が甘いのが特徴です。白甘鯛、赤甘鯛、黄甘鯛の順に脂肪は少なく、味のよさもこの順です。水分が多いために腐敗しやすく、生食は不向きです。しかし、鮮度がよいものをこぶじめにすると、うま味が増しておいしくなります。アマダイは、塩焼き、柚庵焼き、けんちん蒸しや大和蒸しなどの蒸し物として味わいます。ウロコをつけたまま素揚げにするとパリパリと香ばしさが味わえます。また京都ではグジと呼ばれ、干物、粕《かす》漬け、西京みそ漬けは有名です。

鮮度のよいアマダイをひと塩してしめます。秋らしく、丹波栗をまぶし「ひと塩アマダイ　丹波栗」としました。

秋刀魚《さんま》は、誰にでも親しまれる「食欲の秋」にふさわしい魚として有名です。サンマは八月ごろ、北海道の東の海に群がっていた若魚が、プランクトンを食べて成長しながら本州沿いに南下し、十月ころになると三陸沖や茨城、千葉の沿岸から、さらには和歌山まで南下し、各地で豊漁となります。栄養状態や大きさは南下とともに変わり、北海道沖合では脂肪が十パーセント前後、しかし十月に房総沖で採れるものは二十パーセントにまで増えます。サンマは新鮮な肝（内臓）はなんとも美味なものです。このため、塩焼きでは肝（内臓）もいっしょに焼き、身とともに味わいます。また、新鮮な旬のサンマは刺し身にしても食べられます。

秋から冬にかけての季節が、サワラ、キンメダイ、タイなどの白身の魚がおいしい旬です。

霜月【十一月】

キンメダイの大和蒸し

小貝柱と黄菊のおろし和え

作り方 P.123－124

キンメダイは「金目鯛」という漢字を当てますが、実はタイの仲間ではありません。タイと似た赤色の体色から「タイ」という名前がつけられ、目が金色なので「キンメダイ」となりました。体色の赤色が鮮やかで、目やうろこが金色に光っているものがよく、煮つけが特に好まれます。旬は冬。蒸し物、粕《かす》漬け、みそ漬け、から揚げ、吸い物の椀種やなべ物に。

小柱《こばしら》は青柳《あおやぎ》（バカ貝）の貝柱です。アオヤギは千葉県市原市の青柳という地域で多くとれていたということからこの名がつきました。アオヤギの「舌切り」というのは貝の足部を指し、刺し身、椀種、酢の物、ぬたにします。アオヤギには貝柱が２つあり、「あられ」や「小柱」と呼びます。

小柱を三つ葉と大根おろしの衣であえると、さわやかでさっぱりとした出会いの味になります。また、江戸前天ぷらで「かき揚げ」といえば、小柱と三つ葉のかき揚げを指します。

キンキの正式名は、喜知次《きちじ》です。旬は秋から春先まで。寒流にすむ北国の冬の代表的な魚です。鮮やかな朱色が印象的で、白身でやわらかく脂がのっていますので、煮つけや蒸し物、なべ物に最適。昔はかまぼこの原料でしたが、今や高級魚です。

鰆《さわら》は、名前の字から見ると春が旬ですが、暖流を回遊しているので一年を通して食べられる魚です。とはいえ、地域でそれぞれ旬があり、相模湾では冬から春の「寒鰆」、瀬戸内海では桜が咲くころの「花見鰆」、駿河湾や西伊豆は秋ごろの「盆鰆」です。脂がのっているので刺し身がいちばん。また、魚の焼き物は時間がたつと身がしまって味が落ちますが、サワラは脂と水分があるので時間がたってもそれほど身がしまらず味が落ちないため、塩焼き、幽庵焼き、西京みそ漬け焼きなど焼き物が好まれ、松花堂弁当やおせちなどに向きます。

寒さが厳しくなるにつれて特有のうま味がのってくるアマダイ、ブリ、ムツ、マナガツオ、サケ、フグ、トコブシ、カキ、カニなどは、持ち味を生かした蒸し料理やなべ物のような温かい料理に合います。

小ダイのけんちん焼き
ブリのあられ仕立て小なべ

作り方 P.124

師走【十二月】

　鰤《ぶり》は、旧暦の師走（節分）のころ、寒中にて身がしまって脂肪がのり、最高においしいです。この季節のものを「寒鰤《かんぶり》」といい、冬の味覚の王様と称されています。岡山や長崎の正月の雑煮には、塩ブリを入れます。ブリは成長するにつれて名前の変わる出世魚としても尊ばれています。若いほうから並べると、関東は「ワカシ」「イナダ」「ワラサ」「ブリ」、関西では「ワカナ」「ツバス」「ハマチ」「メジロ」「ブリ」と変わります。十二月から二月にかけての成魚が「寒鰤」です。厳寒の日本海の荒波にもまれた天然物は、最高に脂がのって身がしまっているので刺し身、すし種、塩焼き、照り焼き、煮つけ、なべ物にと、どれをとってもおいしいものです。しかし、今や天然のブリは高価で、しかも手に入りにくくなっています。

　鯛《たい》は昔から姿が美しく、風味がよいことから海の魚の王様で、祝い事には欠かせません。「目の下一尺のタイがいちばんよい」といわれます。それは、大きさが適度によく、料理にしたときの味もいちばんよいためです。マダイの旬は冬から春です。関西は桜の季節が旬。関東では千葉の小湊がタイで有名です。

　マダイの一尾二百グラム程度の小ダイは、おめでたいときやおせちなどに尾頭つきで料理します。春子鯛《はるこだい》と呼ばれるマダイの幼魚も十五センチくらいのものを一尾づけでおせちにしたり、南蛮漬けにしたりします。

　また、キダイ（レンコダイ）は冬が旬。マダイより小ぶりで、一尾づけとして、けんちん種（豆腐と野菜をいためたもの）をはさんでけんちん焼にします。

　雪の舞う季節にとれ、白い身が印象に残る鱈《たら》は、漢字で「魚」に「雪」と書かれるほど、北国を代表する魚です。鮮度のよいマダラは、日本海側の金沢では、正月にこぶじめにしておせちに出します。細かいうろこが生臭い原因になるので、ていねいにとり除くと、まことにおいしい刺し身や椀種、タラちりなべとして楽しめます。マダラの卵や、キクとかタチといわれる精巣は、冬の珍味でなべ物や刺し身、酢の物で食べます。

【夏の菓子】

- 柏餅
- 水ようかん
- わらび餅

柏餅は、柏の葉で巻いた新粉餅で、端午《たんご》の節句の祝い菓子です。柏の葉は古い葉が枯れても、翌年に新しい葉が育つまで落ちないことから、家系が絶えない縁起物であるとされ、江戸時代から関東地方で男児のお祝いのお菓子として喜ばれました。

わらび餅は、野趣豊かな夏の和菓子です。本物のわらび粉は灰色で、水でといて火を通すと、涼しげで、しかも得もいわれぬ香りがします。昔は、ごく一部の貴族しか食べられなかったようです。六月のころ、わらび粉を使い、大納言を散らして蒸し、三角形にして氷をかたどった「水無月」というお菓子があります。

水ようかんは、しっとりと水滴をまとうようなその姿に、夏の暑さを忘れさせます。口の中でスーッととけていく甘さは、まさに夏の和菓子です。

作り方 P.134

季節の野菜料理

五色なます

おせちに欠かせないのが膾《なます》。魚介や野菜の酢の物のことです。ここに紹介する五色なますは、女子栄養大学の料理の基礎を作られた田中米《よね》先生の伝統の味です。

煮染（にしめ）

正月三が日くらいは、主婦が煮炊き物をしないでのんびり過ごすことができるように、日持ちのよい煮染を作って、おせちのお重に詰めます。

作り方 P.125

睦月【一月】

春の七草と、正月のおめでたい野菜――慈姑（くわい）、百合根（ゆりね）

春の七草とは、「芹《せり》、薺《なずな》、御形《ごぎょう》、繁縷《はこべ》、仏座《ほとけのざ》、菘《すずな》、蘿蔔《すずしろ》」です。

せりは田の畦《あぜ》道や川原の湿地に自生する野草。なずなはペンペン草ともいいます。種実の形が三味線のバチに似ていて、振ると音がするのでこの名がつきました。ごぎょうは母子草《ははこぐさ》ともいい、子が母にまつわりつく様子にたとえました。母子草を摘んで餅につき込んだ母子餅（草餅）が古くからあります。今では、草餅にはよもぎが使われています。はこべははこべらともいい、茎が長く、葉が対になってへらのようなので、この名があります。ほとけのざは地面にピッタリついた丸い葉が仏様の座布団のような形から、この名がつきました。すずなは小かぶ、すずしろは大根のことです。これらはゆでてアク抜きし、お浸しやごま和え、天ぷらにして楽しめます。

おせち料理の高級食材としてよく扱われる食材にくわいがあります。芽をつけた姿から「めでたい」「芽が出る」などとして、縁起のよい食べ物とされているからです。芽をつけて六角に皮をむいて、おめでたい形にします。独特のほろ苦さと、ホクホクした食感が持ち味です。十一～十二月中と収穫が限られます。青くわいと白くわいがあり、前者は埼玉県、後者は広島県が主な産地で、大阪の吹田くわいも有名です。

また、ゆり根も関西地方のおせち料理に欠かせない食材で、ゆり根のうま煮が有名です。鱗茎（球根）を姿のまま白い花形に整えると、華やかな一品になります。鱗茎を一枚一枚はずして、花びらのように甘煮にしたり、ゆり根きんとん、茶わん蒸し、梅肉和えなどに使ったりします。鱗茎を肥大させるために花はつぼみのうちに切り、八月から収穫が始まり、ピークは十一～十二月。これを貯蔵し、周年出荷されます。

せりのごま和え

初春になると、田ぜりが出まわります。緑鮮やかな色合いを生かして塩ゆでにし、水にとって適度にアクを抜き、せりらしい味と香りを生かして、ごま和えに。

大豆こんぶ

二月の行事の節分には、大豆が欠かせません。大豆は「畑の肉」といわれますが、グリシンなどたんぱく質が豊富だからです。こんぶと合わせて煮豆にしておきましょう。

作り方 P.125

如月【二月】

春を呼ぶ山菜と野草

春の野菜は香りが高く、苦味や辛味を含んだものが多くあります。それには、自然にかなった何かがあるのでしょう。雪どけのころに、春を呼ぶ蕗《ふき》の薹《とう》、土筆《つくし》、芹《せり》は、田の畦《あぜ》道や川原の湿地に自生する野草です。

最近では、水田で栽培した田ぜりが栽培野菜の仲間入りをして店先に並ぶようになっています。野ぜりほどは香りがありませんが、アクが少ないのでさっとゆでて、お浸し、ごま和え、卵とじ、せりごはんなどにすると、食卓に春の香りが広がります。

ふきのとうは、ふきの若い花穂です。裏庭の片隅や野原の枯れ草の間から顔を出しているふきのとうを、自分で摘んだものは格別です。天ぷら、刻んで汁物の吸い口、油みそなどに。

つくしは、軸が太く短いもので、胞子穂がかたいものがよいでしょう。つくしの風味はこの穂にあります。はかまをとってゆでて使います。立春の行事を伝えるのに、前菜や八寸に少量の佃《つくだ》煮にして盛り込み、また汁物のあしらいにします。

独活《うど》は、数少ない日本原産の野菜です。しかも、江戸時代から栽培されていました。一～五月に軟白うどが出まわり、山うどは二～五月までです。軟白うどを単に「うど」といい、畑で栽培した根株を秋口に地下の室《むろ》に移し、暗闇の中で発芽させたものです。発芽させてから一か月程度で八十センチくらいに育てて出荷します。天然の山菜の山うどは四～五月が旬です。市場では軟白うどを出荷前に太陽に当てて芽に緑色をつけて香りを強くしたものを「山うど」と称して出荷しています。うどは生のままで和え物、酢の物、刺し身のつまなどに使いますが、単独で使うことは少なく、ほかの材料との出会いの味を作り出し、シャキッとした歯ざわりやさわやかな香りを添えます。また、汁物や煮物のたき合わせなどに、白い色と香りを生かして使います。山うどは皮を削り、みそなどをつけて野趣豊かにそのまま生で食べます。

弥生【三月】

春の芽吹きの味わい――筍(たけのこ)、蕗(ふき)、蕨(わらび)

春の味覚は、新鮮な香りと淡い緑色を生かして味わうことがたいせつです。

春を代表する「筍」(竹の子)は、とれたてをすぐ味わうとおいしいものです。とれたてを湯がかずにそのまま煮てもアクがなく、筍のほのかな甘味と香りが充分に味わえます。

孟宗竹《もうそうちく》の筍は三月中旬～五月ごろまで出まわります。白くてやわらかく、えぐみも少なく、甘味を含んだ独特のうま味と歯ごたえがあり、旬のこの時季にしか味わえません。若竹煮、土佐煮などの煮物、木の芽和え、筍ごはんで楽しみます。鹿児島県では、孟宗竹の竹林を暖房して促成栽培し、十二月下旬ごろ、五センチくらいに育ったものが、正月料理に料亭などで使われています。また、東北地方の細竹のネマガリタケ(五三竹《ごさんちく》)は、五～八月に出まわります。

ふきのほろ苦い風味は、春の訪れを告げる味です。ふきの緑色と香り、そしてシャキッとした食感は、春の料理に欠かせません。色、食感を残して下ゆでして、皮をむいて使います。ふきと、春の野菜や海の幸のヤリイカ、ホタルイカ、ナマリ節などとのたき合わせが、春にふさわしい味です。

また、「生しいたけの春子《はるこ》」といって、しいたけは春が旬です。汁物の具にすると、春らしい季節感が出せます。

日当りのよい土手に自生するわらびが、春から初夏にかけて全国各地の野山に、いっせいに白っぽい生毛《うぶげ》に包まれた緑色の若茎をもたげます。こぶしのような形をした早蕨《さわらび》が芽を出します。初春の刺し身のつまや汁物のあしらいに、「走り(初物)」として使います。東北地方のわらびや山菜が店頭に並ぶのは、四月末から五月です。地物の芽吹きのもの(わらび、山菜など)はアクの強いものが多く、ていねいにアクを抜くことがコツです。わらびは、ごはんや白和え、しょうが浸し、たたきなどに。

ふきの白和え

ふきの青煮の鮮やかな緑と春の香りを、こくのある白和えの衣で包みます。白和えの衣の白さとふきの青さ、それぞれの香りと食感のハーモニーを楽しみます。

竹の子とエビのつくね揚げ

ゆでた竹の子の根元のかたい部分の食感と香りを生かし、むきエビをつなぎに、つくねにして揚げ物にします。彩りよくアスパラガスの素揚げを添えて。

作り方 P.125―126

竹の子の土佐煮
ふきの青煮

掘りたての竹の子をゆで、その香りよいやわらかなゆで竹の子を削りガツオとともに土佐煮にします。ふきの青煮との色鮮やかな組み合わせです。

竹の子、イカ、うどの木の芽みそ和え

竹の子と木の芽は、春ならではの出会いの味です。竹の子、イカ、うどをさいの目に切り、木の芽の色と香りが詰まった木の芽みそをまとわせます。

作り方 P.126

卯月【四月】

花を味わう花菜《はなな》と、木々の香味を味わう木の芽と山椒《さんしょう》

黄色のじゅうたんを敷きつめたような菜の花畑は、うららかな春にふさわしい景色です。菜の花は三〜五月が旬で、この時季だけのものです。「菜の花」もしくは「菜花《なばな》」、「花菜」ともいい、つぼみのうちに摘んで食べます。春ならではという逸品のお浸し、からし和え、こぶじめ、ごまだれや酢みそで和えて、菜の花独特の苦みと香りをたっぷり味わいます。

新緑のころに木の芽和え、田楽の木の芽みそ、マスの木の芽焼きなどの料理が献立に上ります。この「木の芽」とは、さんしょうの木の新芽のことです。木々の芽の香味の点においてさんしょうは屈指のものです。汁物の吸い口や煮物の天盛りなど、木の芽を献立に用いてよい季節は、ひな祭り料理から五月までといわれます。たくさん摘んだ木の芽をゆで佃《つくだ》煮にして、魚の臭みをとるためにいっしょに煮たり、料理のつけ合わせにしたりして使います。花は「花山椒《はなざんしょう》」といい、二週間くらいしか出まわらないものですが、汁物の吸い口にしたり、さっとゆでて当座煮にして焼き物などの前盛りにしたりします。さんしょうの未熟な青い実を「青山椒《あおざんしょう》」といい、湯がいてから、くせのある青背の魚や肉などと煮ます。完熟した山椒は「実山椒《みざんしょう》」、これをかわかしてひいたものを「粉山椒《こなざんしょう》」といいます。有馬や鞍馬のさんしょうは有名です。料理名に「有馬」とついた場合は、さんしょうが使われている料理のことです。

豆腐田楽
木の芽みそ　赤みそ

新緑の時季らしい若草色の木の芽みそと甘口の赤みその二種類で、豆腐を味わいます。もめん豆腐を使い、手早く焼きます。行楽のお弁当にもよいでしょう。

わらびのしょうが浸し

近くの山へちょっと入ると、わらび摘みが楽しめる時季です。持ち帰ったらすぐに根元に灰を多めにかけて熱湯を注ぎます。色鮮やかにアク抜きします。

作り方 P.126–127

皐月【五月】

晩春から初夏の緑鮮やかな青物野菜

三つ葉は、菱形《ひしがた》の葉が三つに分かれていることから、この名前があります。昔は山菜で、自生種は香りが高いのですが、アクも強いです。野生の三つ葉を畑で栽培したのは江戸時代初期といわれ、春の三〜四月に、根つきで売られる「根三つ葉」が出まわります。夏は「糸三つ葉」といって、水耕栽培された三つ葉が、夏の青みとして用いられます。秋から冬にかけて出まわる「切り三つ葉」は、軟白栽培によるため、やさしい味です。汁物や茶わん蒸しなどの青みとして使います。

グリーンアスパラガスの旬は五月です。ユリ科の多年草で、地下に細かい貯蔵根があり、利用するのは出たての若い芽です。若芽の穂先の鮮やかな緑色を生かし、やわらかくゆでて青みとして用います。

オクラは長さが十センチくらいで、断面が星型をしています。刻むと粘りけが出ます。四〜八月が旬で、暖かい地域が産地です。オクラは、さっとゆでて酢の物、和え物、天ぷら、煮物や汁物の青みとして使います。

絹さやえんどう、オランダさやえんどうは実は甘く、さやはやわらかいながらも、シャキシャキとした歯ざわりです。青みとしてたき合わせます。

グリーンピースや蚕豆《そらまめ》は、若い未熟豆を食用とします。生のものは四〜六月が旬です。正月早々に、温室物のグリーンピースが「走り（初物）」で出まわります。成熟したグリーンピースとそら豆は香りが高く、甘味があり、充実した豆を「翡翠《ひすい》煮」といって、薄皮をとって美しい翡翠色に煮上げます。

そら豆のくず煮

成熟したそら豆を翡翠《ひすい》のような美しい色に煮上げます。香りが高く、甘味があり、彩りのよい一品です。

竹の子とマスの包み焼き

竹の子と木の芽とマスの旬が重なった時季に作ることができる料理です。竹の子の皮に包んで、木の芽と竹の子の香りを逃さずに焼きます。

作り方 P.127

水無月【六月】

夏の香りと辛味を味わう香味野菜

茗荷《みょうが》は、ショウガ科の多年草です。夏になると根茎から卵形の短い花穂が出ます。花穂は赤みがかった淡い紫色をした外・内苞からなっています。これを、みょうがの子(みょうが)といい、独特の芳香とほのかな辛味があり、夏を感じさせてくれる香りです。夏みょうがと秋みょうががあります。みょうがは、甘酢漬けにし、魚の生臭さをとる意味で、焼き物の前盛りにつけ合わせたりします。このほかに天ぷら、汁の実、酢の物に。また冷ややっこ、冷や麦、そうめんなどの薬味に最適です。

みょうがの地下茎から別に出る茎葉を「みょうが竹」といいます。軟白栽培し、収穫前に太陽に当てて薄赤紫色に色づけして利用します。これをカツオの刺し身のつま、酢の物、汁物に利用します。

紫蘇《しそ》は、昔からある香味野菜です。葉茎が緑色の青じそ、紫色の赤じそがあり、青じそは「大葉《おおば》」とも呼ばれ、香りが赤じそより高く、刺し身のあしらいや酢の物、天ぷら、めん類の薬味で、その香りを楽しみます。

また、花穂じそや穂じそは刺し身の飾りつまに使われます。赤じその芽は「むら芽」「紅《あか》芽」と呼ばれ、これも刺し身の飾りつまに使われ、彩りを添えてくれます。

蓼《たで》は、柳たで、青たであるいは本たでの名があります。タデ科の一年草で、アユのとれる暖流の川原などに自生しており、たでとアユとの食味のとり合わせのよさを物語っているようです。たでには青と紅の二種類があり、たで酢に使うのは青たでです。辛味が強いのは紅たでで、刺し身のつまにします。

生姜《しょうが》は、葉つきしょうがが四〜八月に出まわります。しょうがの根茎を軟白栽培した青い葉つきのものを新しょうがといいます。谷中しょうがは、古くは「はじかみ」といわれ、この意味は「端紅(はしあか)」の転訛《てんか》で、根が赤いからだといわれます。

山葵《わさび》は、わが国特有のスパイスです。刺し身にわさびはつきものです。特有のピリッとした辛味、清冽《せいれつ》な香り、爽快《そうかい》な味わいは、刺し身や握りずし、そばには欠かせません。きめ細かくすりおろすほど細胞組織が細かく破壊されて辛味成分が出てくるので、辛味が一層増します。

ハモ皮きゅうりの酢の物

ハモは、かまぼこの材料にも使うので、かまぼこ屋ではハモの皮だけを焼いて売っています。きゅうりのカリッとした歯ごたえとハモの香りを楽しむ酢の物に。

氷とうがん、かぼちゃ、オクラの冷やし鉢

夏ならではの組み合わせ。淡白な味わいのとうがんは、濃いめの吸い地でこくを補い、氷の形にします。透明なくずあんと相まって涼やかな風情です。

作り方 P.127

文月【七月】

夏のさわやかな香りと食感の瓜（うり）類と夏野菜

夏野菜は、色鮮やかです。胡瓜《きゅうり》、白瓜《しろうり》、南瓜《かぼちゃ》、冬瓜《とうがん》、茄子《なす》、青唐辛子《あおとうがらし》、さやいんげんなど、露地物がおいしい季節です。

盆のごちそうの一つに、白うりの新奈良漬けがあります。酒粕《さけかす》に漬ける前の白うりを塩漬けしたものも、コリコリとした食感が美味です。京都では白うりを古名の「浅瓜《あさうり》」といい、浅瓜とハモの和え物にします。これこそ、盆のハモとの出会いの味です。

とうがんは、古名で「カモウリ」といい、京都では「賀茂瓜」とされます。果肉は白くて水分が多く、風味が淡白なので、やわらかく煮て、うま味のきいただしを含ませます。とうがんとエビのくずあんかけ、とうがんのごまみそあんかけなどは絶品です。

かぼちゃは、六～八月が旬です。七月二十五日は京都の安楽寺のかぼちゃの供養日で、無病息災を願った行事です。この日に鹿ヶ谷南瓜《ししがたにかぼちゃ》が供されます。保存がきく野菜でもあるので、冬まで保存し、冬至にかぼちゃを食べます。

芋茎《ずいき》は、里芋の葉柄部分で赤茎と青茎があります。中でも、蓮芋《はすいも》といわれるものは葉柄を食べる専用の青茎です。蓮芋は、緑白色で肥大した葉柄の気孔が太く、れんこんを思わせるのでこの名があります。根芋といわれる軟白栽培した茎で、白ずいきともいい、椀種や煮物にします。

なすは、今や一年じゅう出まわっていますが、露地物が出まわるのは七～八月です。なすのおいしいこの季節、焼きなすのお浸しは持ち味を生かす一品です。京野菜として有名な賀茂なすはつややかな黒紫色の丸なすで、賀茂なすの田楽は、とろけるような繊細な食感と甘めのみその組み合わせが、真夏のぜいたくな一品です。

枝豆は、大豆の未熟豆で、豆と野菜の両方の栄養的特徴を持ちます。枝豆を色よくゆでて急冷し、枝豆ごはん、つぶしてずんだ和えやずんだ餅にします。

牛蒡《ごぼう》は、旬が五月と九～十二月の、年に二回あります。初夏に出まわる葉つきの夏ごぼうは、直径一・五センチ前後でやわらかく香りもよいものです。新ごぼうの芯《しん》を抜いて管ごぼうにして煮物にします。また、ささがきごぼうとドジョウを煮て、卵でとじた柳川なべに欠かせない野菜です。

なすの直（じか）煮

なすの紫色を出す煮方です。煮汁を煮立て、アク抜きしたなすを、じかに皮面を下にして入れて煮ます。煮上げてすぐ冷やすと、なす紺の美しい煮物になります。

深山（みやま）和え

山の食材である山鳥やきのこを、三つ葉や野菜をとり合わせたことからこの名があります。鶏肉やきのこを焼いて、さっぱりしたおろし酢の衣で和えた一品。

さつま芋のレモン煮

皮つきの新さつま芋にレモンの酸味を加えると、甘味がさわやかになり、紅い皮も黄色い実も鮮やかになります。

作り方 P.128

葉月【八月】

晩夏から出回る芋類と蓮（はす）

さつま芋、里芋、海老《えび》芋、蓮《はす》などは、八〜十月が旬で、おいしい季節です。

さつま芋は、六月末ごろから早掘りが出荷されます。新さつま芋を皮つきのままで料理に使います。これを「丸十《まるじゅう》」と献立に書きます。さつま芋の切り口が丸く、薩摩藩の家紋が丸に十字なので、薩摩と芋をかけてこの別名がつけられました。

子芋を食べる子芋用品種の石川芋は、中秋の名月（旧暦八月十五日）に、芋名月のお祝いとして月見料理に使います。子芋を皮のままゆでたものを「衣被《きぬかつぎ》」といいます。これは平安時代の女性のかぶりものである衣被を思わせるからです。土垂《どだれ》も子芋用品種で、里芋と呼ばれ、丸みを帯びて粘りがある芋です。一年じゅう出まわるので、正月のおせち料理にも里芋の含め煮として加わります。

一方、親芋を食べる親芋種の八つ頭は、唐芋《とういも》の変異で、親芋と小芋が分球せずに塊状になった形が、頭が八つもあるように見えるので、この名があります。芋の肉質は粉質で、おせち料理にも使われたり、京都の雑煮にも入れたりします。唐芋の子芋を制限し、土寄せしてエビのように曲げたものをえび芋といいます。棒ダラとたき合わせた京料理の「いも棒」は有名です。赤芽芋は、芽が赤いことでこの名がつき、インドネシアのセレベス島からきたもので、別名セレベスともいいます。ホクホクしていてうす味の含め煮に向きます。筍《たけのこ》芋は、京芋ともいわれ、親芋の形が筍に似た円筒形で、芋の肉質は粉質で煮くずれにくく、おせち料理に使われます。

はすは、夏に出るものを新れんこんといい、幼根が出まわります。穴があいていることから「先が見える」「見通しがきく」と縁起のよい食べものとされ、慶事には欠かせません。穴の数は、真ん中に一個、まわりに九個、合計十個が普通です。れんこんの穴は、からしやエビ、鶏肉のすり身などを詰めるなど、いろいろな料理のくふうを生み出します。

枝豆　栗の甘煮
きぬかづき
ゆり根の甘煮

この時季の名月を芋名月、豆の名月といい、芋や豆をお月見の盆に飾ります。秋らしく、子芋、栗、枝豆、ゆり根の甘煮を散らします。

はすの梅肉和え

はすの白さを生かした甘酢煮に、梅肉の衣の紅色の彩りが美しく映えます。この彩りの美しさと、はすの食感を楽しむ小鉢です。

はすのずんだ和え

枝豆をゆでてつぶしたものを「ずんだ」あるいは「じんだ」といいます。枝豆の緑色の鮮やかさとはすの白さ、それぞれの歯ごたえが生む対比は絶品です。

作り方 P.128－129

長月【九月】

秋の山の幸―― 山芋類、栗、銀杏（ぎんなん）

山芋というと、一般に栽培品種のことを指し、一方、山に自生する自然薯《じねんじょ》を「山の芋」ということが多いようです。芋の形から、長形のものを長芋、平たいものを銀杏《いちょう》芋、かたまりになったものを捏《つくね》芋と呼びます。つくね芋の旬は九月～三月で、おろして大和蒸しや薯蕷《じょうよ》まんじゅうなどに使います。

零余子《むかご》は、別名をぬかご、いもご、いもしかご、ばちかご、肉芽《にくが》、珠芽《しゅが》といい、山芋の葉のつけ根の部分が養分を蓄えて、小指の先ほどの球状になったものです。暗褐色をしていて、食用にも種芋にも使われます。十一～十二月ごろ収穫されますが、量は多くありません。蒸したり、塩ゆでやから揚げにしたりしてそのまま食べます。ごはんに炊き込んだむかごごはんもよいでしょう。さらして乾燥させたむかご粉は、くずやかたくり粉よりも粘りけが強いものです。

栗は、九～十月に出まわる秋の味覚を代表するもので、そのなかでも「丹波栗」は有名です。野生のシバグリを品種改良したものです。果実が大きく風味がよいのが特徴です。しかし、甘みがやや少なく渋皮がはがれにくいのが難点です。正月に使うための保存方法は、多少風味は落ちますが、冷凍すれば半年間ぐらいは保存することが可能です。この場合は、よく洗ってから水けをきり、ポリ袋などに入れて冷凍庫に入れます。これを食べるときは、そのままゆでます。むき栗を長期保存したい場合は、かたゆでにしてから冷凍保存します。栗ごはん、甘露煮、渋皮煮などに。

秋も深まり紅葉が美しいとき、葉っぱが黄色い樹木がいちょうです。その木の実のぎんなんは、十～十一月にとれます。ポリ袋などに入れて皮つきで冷蔵保存すれば、正月まで使えます。

神無月【十月】

秋の山の香りのきのこと葉物野菜

秋の香りを伝えてくれるきのことといえば、なんといっても松茸《まつたけ》でしょう。しかし、松たけは家庭で手が出せる価格にはほど遠く、別格の物となってしまった感があります。日本は食用きのこの種類が多く、この時季には天然物も多く出まわります。「香り松たけ、味占地《しめじ》」とはよくぞいったもので、国産の松たけの香りは格別ですし、しめじにはうま味成分であるグルタミン酸やアスパラギン酸などのアミノ酸が非常に多く含まれます。松たけはカナダ、中国、韓国などの外国産が安く出まわっています。国産には少し劣りますが、土びん蒸し、焼き松たけと青菜のゆず浸し、松たけごはんなどで充分楽しめます。

舞茸《まいたけ》、ぶなしめじ、エリンギ、ひらたけ、えのきたけ、きくらげ、なめこなどのきのこは、腐生菌《ふせいきん》といって落ち葉や枯れ木を腐らせて栄養源にするので、今では人工栽培が可能になって、一年じゅう手に入ります。きのこ類は、独特の香りと食感を味わうことのできる秋の食材です。汁物の実、和え物、煮物のあしらい、天ぷら、ごはん物など、秋の食材として活躍します。

春菊は、春に菊のような黄色い花を咲かせ、葉の形が菊に似ていることからこう呼ばれます。香りと葉や花の形から、関西では菊菜とも呼ばれ、十二～二月が旬です。香りと緑色を生かして、秋らしくきのこや黄菊との和え物、汁物の青み、天ぷらに。なべ物などには、アクが少ないので、ゆでずに生のまま使えます。

小松菜やほうれん草は、本来の旬は十一～一月ですが、現在は周年栽培されます。しかし、季節によって品種や栽培日数が違うため、味や栄養価に違いが出ます。やはり、旬の冬のものが栄養価も高く、霜にあたって甘味が増して味がよくなります。

水菜(京菜)は、京都原産で壬生菜《みぶな》といい、京都の壬生という場所で作られたことに由来します。肥料を使わず水と土だけで作ることから、水菜と呼ばれるようになったといわれます。関西では、千筋《せんすじ》京水菜といい、繊細な葉が株元から千本近くも出るという意味です。関東では、茎広《くきひろ》京菜といい、葉の幅が広くて切れ込みが浅く、茎も太い品種が主流。シャキシャキとした食感が、漬け物、お浸し、なべ物にぴったりです。

ほうれん草とえのきたけのお浸し

ほうれん草のお浸しは日常的な料理ですが、きのこを加えて季節感を出すことによって、彩りと香りがハレの料理になります。

菊味和え

イカと黄菊と赤紫色の菊〝もってのほか〟とをゆでて、菊を和え衣にして、イカと軸三つ葉を合わせた、友禅模様のようにきれいな和え物です。

作り方 P.129

かぶら蒸し

かぶの食べごろは二月半ばまでです。痛いと感じるような寒い真冬に、かぶら蒸しは本当においしいものです。お正月は手まり麩《ふ》、二月は梅麩、晩秋では粟《あわ》麩を添えて季節を楽しみます。

ふろふき大根

やわらかく炊いたあつあつの大根の上に、つやよく練り上げたゆずみそをかけて味わうと、まさしく冬の絶品です。

作り方 P.129

霜月【十一月】

冬に盛りの甘く、みずみずしい根菜類

大根は、一般に店頭に並んでいるのは青首大根です。一年じゅう出まわっていますが、秋から冬にかけてがいちばんおいしい時期です。この時季のものは、甘みも強くてみずみずしいです。ふろふき大根や、冬大根とブリの組み合わせでこの名がある「鰤大根《ぶりだいこん》」などは、この季節のなによりのごちそうです。

また大根は、日本人の好みや日本の気候に合わせて交配をくり返しているうちに、太さ、丸さ、長さ、大きさ、色、味そして収穫時期など、それぞれの地方の特徴を豊かに反映した、その土地ならではの大根が各地で栽培されています。聖護院《しょうごいん》大根は、京都に古くからあった丸形の大根と、宮重大根とを交雑させてできた長円形の大根で、関西に広く分布しています。十〜十一月に収穫され、緻密でやわらかく水分が多くて繊維が少ない肉質です。伝統的な京野菜で、煮物に適していて、漬物などにも使われます。

かぶは、全国で周年栽培されていますが、秋に出始める小かぶや中かぶは、かぶと葉を使って揚げ豆腐とのたき合わせに用います。ゆでた小かぶときのこのゆず浸し、きめの細かい真っ白な肌で繊細な甘味を生かした浅漬けがおいしいです。京都の冬の伝統野菜の「聖護院かぶ」は、五キログラムほどになるものもあり、白くて緻密なかぶで、水分が多くてやわらかく、しかも煮くずれしにくい肉質です。また、おろしても辛みが少なく、ほかのかぶと比べても際立った甘みが特徴です。大きく切ってタイのあらと煮た煮物の「タイかぶら」にしたり、またおろしたてのかぶを使った「かぶら蒸し」は、温かい冬の料理としていちばんです。京都名物の「千枚漬け」は、聖護院かぶの加工品として有名です。

えび芋、アナゴ、春菊のたき合わせ

大きなエビの形をしたえび芋は、京都では正月料理に棒ダラと煮ます。えび芋を大きいままふっくらと煮て、アナゴの照り煮、春菊（菊菜）の煮浸しを盛り合わせます。

タイかぶら

焼き目をつけたタイと白くて緻密なかぶの組み合わせは絶妙です。タイかぶらをいただくと、これで冬になった、という気分のする一品です。

作り方 P.130

師走【十二月】

冬が旬の彩り豊かな野菜——にんじん、白菜、冬キャベツ、ねぎ類、ごぼう

にんじんは、十一～十二月ごろが旬ですが、全国で気候に応じた品種が栽培されていて、周年出まわります。にんじんはオレンジ色が一般的ですが、野生種には白色、黄色、紅紫色、黒紫色などもあり、形も丸いものや長いものなどさまざまです。日本で分化した品種は、三寸にんじん、四寸にんじん、五寸にんじんというように、根の長さをもとに尺貫法で表現されました。長さ十センチほどの細長いベビーキャロットは、甘みがあるので生食用に人気です。

京にんじんは、関西以西の秋冬にんじんとしての、ブランド名です。鮮やかな濃紅色で長さ三十センチ、太さ六～七センチ、甘みが強くてにんじん臭が少なく、肉質はやわらかいものの煮くずれしにくいのが特徴です。関西の正月料理や日本料理、すしの具などに利用されます。

白菜の旬は、十一月下旬から二月ごろの晩秋から冬にかけてで、霜にあたると繊維がやわらかくなり風味も増します。また葉の糖分も増えておいしくなります。なべ料理に欠かせません。

冬キャベツは、十一～三月まで出まわり、旬は二月ごろです。このころ出まわるものは寒さにあたって甘みを増し、煮込むといい味が出ます。

ねぎは、根深ねぎと葉ねぎとがあります。関東の根深ねぎは、埼玉県の深谷ねぎ、群馬県下仁田ねぎがあります。下仁田ねぎは茎が太くてやわらかく、煮ると甘味があって、煮物、すき焼き、なべ物に好んで使われます。葉ねぎの代表は、京都の九条ねぎで、青い葉の部分がやわらかくておいしいです。

葉ねぎを若採りしたものを分葱《わけぎ》といい、ゆでたり焼いたりして、酢の物やぬたに。細ねぎは、福岡県の「万能ねぎ」、高知県の「やっこねぎ」が有名です。葉ねぎの小さいものをあさつきといい、芽ねぎは七～八センチ長さで収穫して食用にするもので、汁物、刺し身のつまなどに彩りを添えます。

牛蒡《ごぼう》は、初夏に出まわる夏ごぼうもありますが、十二月を最盛期に三月までが冬の旬です。京都の堀川ごぼう、千葉の大浦ごぼうなどがあり、太さが普通のごぼうの三倍もあるようなものも作られています。堀川ごぼうは、長さ約五十センチ直径六～九センチで中に空洞があります。この栽培には手間がかかるため高価ですが、空洞が輪になっているので、おめでたいおせちに用います。

【秋冬の菓子】

● 栗蒸しようかん
● 薯蕷《じょうよ》まんじゅう
● 黄身しぐれ

練り切り羊羹《ようかん》は寒天を使うのに対して、蒸しようかんは、作られた最初のころは寒天がなかった鎌倉時代までさかのぼります。小麦粉やでんぷん類を使った上品な甘さでもっちりとした食感のお菓子です。栗蒸しようかんは、秋の味覚の栗の甘露煮を入れたものです。

薯蕷饅頭《じょうよまんじゅう》は上用饅頭とも呼ばれ、霜月の炉開きのお茶席にも上がる上菓子です。「薯蕷」は山芋のことで、これを使った生地が、独特のやわらかさと得もいわれぬ白さとからなるのが魅力です。その上品さと美しさが尊ばれます。

秋の終わりから冬にかけて時折、通り雨のように降る雨を「時雨《しぐれ》」といいます。黄身しぐれは、生地の表面の割れ目が、雨の通ったあとのように見えることから名づけられたもの。しぐれ生地は、あんに上新粉を入れて混ぜた生地のこと。口の中でしっとり、ほろほろととけていく食感が魅力です。

作り方 P.135

季節の汁物

睦月【一月】

白みそ仕立て――小かぶ
焼き小餅　しいたけ
壬生菜《みぶな》　ときがらし

汁物は、主材料を決めるのに、季節の素材を見つめて、持ち味をどのように引き出し、そしてどう生かすかを考えます。一月の汁物には、かぶを代表格としました。やわらかく煮たかぶには、やはり白みそが合います。したがって、真冬は甘味の強い麹《こうじ》みそ（西京みそ）百パーセントで汁を仕立てます。

次にわんの中の景色を考えてみます。かぶを主材料にした野菜だけの汁ですので、あしらいに焼き小餅、しいたけ、壬生菜でわんの中の色と形をそろえます。

あとは吸い口です。白みそを濃いめにしましたので、吸い口にはときがらしを用いて、汁全体の味をひきしめます。

作り方P.130

如月【二月】

粕《かす》汁

寒《かん》の明け（立春の前日）近くなると、酒屋の店先に酒粕が並びます。酒の仕込みが終わって板粕にされたものです。粕汁は、寒いときに食べると体が芯《しん》から温まります。

地方によって、作り方がいろいろあります。関西は、塩ブリや塩サワラで作り、一方関東では、塩ザケの頭や骨などのあらからだしをとって野菜と塩ザケの身を入れるという家もあります。

粕汁という性格から、なるべく素朴な味に仕立てるのがよいと考え、ここでは精進に仕立て、程合いのお酒の味を味わうのも一つの方法ではないでしょうか。

粕汁の実が六で汁が四、という比率がちょうどよく、実をたくさん入れましょう。粕が多い、やや濃いめの汁がおいしいでしょう。

弥生【三月】

ハマグリの潮（うしお）汁

春は貝のおいしい季節です。春の貝の中でもいちばん味のよい蛤《はまぐり》をおいしく味わえる潮仕立ての汁物にします。「潮」とは、塩味で調味をすることからこの名があります。ハマグリの潮汁は、ハマグリのうま味を利用した汁物です。貝をこんぶといっしょに水から入れて火にかけ、貝が開いたころには、よいだしが出ています。仕上げに、塩で味をととのえて、うどと木の芽を添えてでき上がりです。

本来魚の潮汁は、タイ、スズキ、アイナメなどの骨つきの切り身や頭、あらなどで作ります。だしを用いずに、魚そのものの持ち味を生かして上品に仕立てます。汁が濁らずに澄んでいることがたいせつです。

主材料のあらや骨つき魚の身に対して四パーセントの塩をふって二十分ほどおいて、それを霜降りして洗います。こんぶといっしょに水から静かに煮出して、魚から出たうま味と塩味を味わう澄んだ汁物です。仕上げの塩は、味みをして塩梅《あんばい》してください。わんに魚を盛って汁を注ぎ、季節の香りのもの——春ならうどや木の芽をあしらってでき上がりです。

花吹雪汁

カツオ節とこんぶとの合わせだしがおいしいことが、いちばんの条件です。おいしいだしをじょうずにひきましょう。

夜桜の景色をイメージした汁物です。わかめが夜空を、花びら形に抜いた卵焼きと白いうどを花びらが散っている様子に見立て、汁の実で夜桜の景色表わします。そして桜の花麩《ふ》を入れ、さらに吸い口も花びら形に抜いたしょうがを用います。

作り方 P.131

卯月【四月】

若竹汁

春を代表する山の幸の竹の子と、海の幸の新わかめとの相性のよい出会いの汁です。春の香りと食感の竹の子に、わかめのうま味がからまり、とてもよい味を作り出します。

皐月【五月】

五月（さつき）野菜わん

五月の旬の野菜のそら豆、細竹、うど、生しいたけ、ごぼうなどが入り、わんの中が、五月晴れの景色をイメージできる野菜汁です。実だくさんの汁は、野菜の持ち味とうま味を引き出すように、濃いだしを使うことがたいせつです。

彩りの青みや食感を生かす食材（そら豆、細竹など）は別にゆでておきます。また、うま味を出す食材（生しいたけ、ごぼうなど）は、だしの中で充分加熱して火を通し、別にゆでておいた野菜を加え、わんに盛り、エビと卵を飾ります。吸い口は、この時季はやはり木の芽が合います。

水無月【六月】

カツオのすり流し汁

初夏は「目に青葉　山ほととぎす　初鰹《はつがつお》」に見られるように、旬の初ガツオのたたきを食べるころですが、カツオの落とし身が少量あればできるすり流し汁があります。

すり流し汁とは、魚や貝、エビ、枝豆、グリーンピース、そら豆などをすりつぶして、吸い物の地にすることです。すり流し汁の調味は、みそ味とすまし味があります。みそ味が向く材料は、カニ、カツオ、ハモ、カキなどです。すまし味にするのは、エビ、カニ、ハモ、枝豆、グリーンピース、そら豆です。

また、だしを豆乳にかえて、枝豆、そら豆をすり流し汁にするときは、塩味にして淡く美しい緑色に仕上げます。

このように旬の食材を使って、時季ごとのすり流しができます。特に暑い季節には、冷たいすり流し汁にすると、さわやかでよいでしょう。

作り方 P.131

文月【七月】

卵豆腐の冷やしわん

卵豆腐は、卵とだしの希釈割合によって違うかたさにしていろいろな椀種にします。

卵豆腐がきれいに成形できるかたさに仕上がるには、卵対だしが一対一から一対一・五の割合です。四角や長方形、丸形など、すくっても形がくずれない割合は、卵対だしが、一対二で、ボールなどで蒸し、玉しゃくしで大きくすくって盛ります。

汁物の代わりになる茶わん蒸しの割合は卵対だしが一対三から四です。

夏は、やはり冷たい汁がいいものです。冷たいと塩味を感じやすいので、調味は温かい汁物のときよりうす味にしましょう。

作り方 P.132

葉月【八月】

冷やしとろろ汁

精進献立の汁物です。とろろ芋とは山芋のことです。山芋類のでんぷんは、ほかの芋類と違って生食ができます。冷やしとろろ汁は、山芋のすり流し汁です。山芋はなるべく細かい目のおろし金ですりおろします。昔から行なわれているようにすり鉢の目で細かくすりおろすのが最適です。おろした山芋に調味して冷やした汁を少量ずつゆっくりと加えて空気を入れるようにのばします。のばし加減は、芋の粘り加減で異なりますので、ちょうどよい濃度にととのえます。

捏芋《つくね》（丹波のつくね、伊勢芋）は、水分が少なくてきめが細かく、粘りけが非常に強い種類です。銀杏芋《いちょう》は、関東での栽培が多く、品質がよく、粘りけが強い種類です。芋の質を見分けて用いましょう。

長月【九月】

満月豆腐汁

汁物や椀盛《わんもり》（汁の多い煮物）は、時季の材料の持ち味を生かした魚、エビなどのたんぱく質の食材と、彩りのための季節の青み野菜やきのこ類、にんじんなどをあしらいにし、季節の香りの吸い口からなります。

九月は満月に見立てて絹ごし豆腐で丸く抜いて椀種の主役とし、おかひじきをすすきに見立てて青みにあしらい、吸い口は丸く切ったへぎゆずで、まさに月見の時季の汁物です。

神無月【十月】

うずらもどきのつくね汁

季節感を出すために、秋が旬のうずらを献立名にのせ、鶏肉でうずらをまねます。うずらの食感を表現するために、鶏肉と軟骨をいっしょにたたいてつくねを作りました。そして、粟麩《あわふ》と春菊をあしらいに添え、吸い口には松葉ゆずを使って秋らしく仕立てます。

麩はいわゆる生麩です。もとは、鎌倉時代の末期に禅僧が中国からもたらしたもので、精進料理に好んで使われます。主材料は、小麦のグルテンで、これは植物性たんぱく質で、そこに餅粉を合せて練ったものです。生麩は、四季の彩りとしてよく使われます。新春には手まり麩、節分にはお多福と青鬼、赤鬼のセットと紅梅、春の桜麩、よもぎ麩。初夏は、青楓麩《あおかえで》、秋の紅葉麩、萩麩《はぎ》。冬は栗麩、小倉麩などなど。四季折々に彩りよく飾られ、椀種に季節感を出します。麩は、煮物、茶わん蒸し、かぶら蒸しなどにも使われます。

作り方 P.132

霜月【十一月】

カキ豆腐の汁

汁物や椀盛《わんもり》(汁の多い煮物)はしんじょが主役で、季節を表わします。牡蠣《かき》は冬が旬で、これを使ってカキのしんじょを作ります。カキと豆腐のすり身を作り、卵白でつないでしんじょ地を作りました。まいたけと小松菜をあしらいに、吸い口はこしょうにします。

本来、しんじょ地は、魚のすり身に酒と卵白をよくすり混ぜ、これにこんぶだしでといたくず粉を入れてさらに練り混ぜて作ります。これに季節感や彩りを出すために、エビ、ハモ、貝、カニ、鶏肉、野菜などを合わせます。たとえば、しめじを合わせたり、ぎんなんと大納言で萩《はぎ》しんじょにしたりして、菱形《ひしがた》、丸形、花形、つくねて丸くしたりして形作り、蒸して椀種にします。

師走【十二月】

キンメダイの信州蒸し

日本でのそばの名産地は信州というのが定番の認識です。したがってそばを使った料理に、「信州」という名前を当ててこの名をつけます。

金目鯛《きんめだい》の身を開いて、日本そばをゆでてキンメダイに抱き込ませるようにして巻き、七分前後蒸します。わんに盛り、あしらいにしいたけとほうれん草、吸い口はさらしねぎで仕立て、汁を張ります。冬の椀種としては、彩りのよい美しい椀盛となります。

作り方 P.133

桃の節句のひな祭りは、女の子の成長を祝う行事です。
桃の花を飾って白酒を飲み、
おひな様に菱《ひし》餅や三色あられ、祝膳を供えて
おひな様といっしょにいただきます。

ひな祭りの献立

作り方 P.135

ごはん◆五目ちらしずし
汁物◆ハマグリの潮《うしお》汁
うど　木の芽
焼き物◆サザエのつぼ焼き
しいたけ　三つ葉
和え物◆ふきの白和え
木の芽
菓子◆ひなあられ

ひな祭りの献立は、桃の節供《せちく》らしく三色(ピンク、白、緑)にこだわり、春らしく彩る演出。

すしや赤飯はハレの料理です。ひな祭りには、五目ちらしずしにすると女の子の節供らしく、彩りが華やかです。また、エビ、サヨリ、アカガイ、卵、しいたけ、そぼろなど食材の色を生かした手まりずしも彩りがよく、かわいらしくなります。

そのほかにも、薄焼き卵で包んでハマグリの形にしたすしや茶きんずし、巻きずしもよいでしょう。

汁物には、ひな祭りにはハマグリを使った潮汁やハマグリしんじょのすまし汁がよく、また、簡単にするなら三色はんぺんなどを椀種にして菜の花やうどを合わせると春らしくなります。

焼き物には、旬の貝を使ってサザエのつぼ焼きやハマグリの浜焼きを。菱ガレイの塩焼きは京都では定番のようです。

和え物には、旬の野菜を使った白和えや、貝類をねぎとともにからし酢みそで和えた鉄砲和え(ぬた)がつき物です。

花見弁当の献立

作り方 P.135―136

桜花爛漫《らんまん》のこのころになると春の花が
いっせいに競い合うように咲きそろいます。
弁当箱に春の香りを盛り込んで、
海や山に出かけて楽しい宴を。

刺し身◆サヨリの桜じめ
　よりうど　わかめ　わさび　加減酢
汁物◆花吹雪汁
　花麩《ふ》　卵焼き　うど　わかめ　しょうが
焼き物◆豆腐の田楽　木の芽みそ　赤みそ
　小ダイの風干し
揚げ物◆竹の子とエビのつくね揚げ
　アスパラガス
煮物◆竹の子の土佐煮　ふきの青煮
　木の芽
ごはん◆桜強飯《こわめし》
漬け物◆大根の桜漬け　菜の花のこぶじめ

花見は桜の花を見ながら戸外で食事をしますから、弁当仕立てで、桜にちなんだ献立にしました。特に弁当は一度に広げるので、彩りがきれいなものにします。本当に戸外に出る場合は、持ち運ぶことを考えて器も料理もくふうします。

主役は旬の魚(サヨリ)の桜じめです。戸外で遠出をするときや暖かい日には、時間をおいても味が変わりにくい、火を通したエビやイカの黄身和えや酢みそ和えなどがよいでしょう。

汁物は具を花びら形に型で抜いて華やかに。戸外に運ぶときは具と汁は別にして温かい汁を注げるように汁は保温ポットに入れます。

焼き物には焼きたての温かい田楽を盛ります。戸外に出たりする場合は、魚肉のみそ漬け焼きや柚庵焼きにすると味が変わりません。

揚げ物は味つけをして揚げました。このように時間をおいても味の変わらないものにします。

持ち運ぶ弁当には水分の多い煮物や含め煮などは向きません。食べやすく一口大にし、花見団子のように串に刺すと花見らしくなります。

ごはん料理には、桜の花と葉の香りいっぱいの桜強飯を。巻きずし、赤飯、飯《いい》蒸しなどでもよく、小むすびにするなど一口で食べられるようくふうします。

七夕の献立

彦星と織姫が天の川をはさんで一年に一度の逢瀬を楽しむ七夕の夜。
このときに禊《みそぎ》を行なって穢《けが》れを持ち去ってもらうという考えから、
短冊に願いごとを書いて笹に飾る風習ができ上がったようです。
天の川と短冊を模した五色そうめんとともに夏の夜を楽しむ献立。

作り方 P.136

刺し身◆キスのこぶじめ 糸造り
みょうが　青じそ　花穂じそ
わさび　いり酒
揚げ物◆アジのしそ揚げ
茶せんなす　大根おろし
さつま芋のレモン煮
めん◆五色そうめん
にんじん　鶏ささ身　きゅうり
錦糸卵　しいたけ
つゆ　薬味（みょうが　ねぎ　わさび）

夏の献立は、ガラスの器で涼しさの演出をしましょう。

旬の魚をこぶじめにした刺し身にいり酒を添えて夏らしくさっぱりと。あるいは、冷たくした卵豆腐もいいでしょう。

冷たさも夏のごちそうです。夏野菜のなすやとうがんなどを使って冷やし鉢で涼やかに。

冷たい料理が並ぶので、カレイやオコゼのから揚げ、エビの塩焼き、アナゴの八幡巻きなど温かい焼き物や揚げ物も組み合わせて変化を持たせましょう。

七夕料理らしい献立の主役は五色そうめんですが、そのほかのおかずがいろいろあれば、薬味とそうめんだけでもよいです。

お盆の献立

〝お盆〟は、仏教の行事「盂蘭盆会《うらぼんえ》」を略した呼び方で、先祖の霊を迎え、送る行事。うり、なすなど初物の野菜を供えて祀《まつ》ります。
お盆の献立は、厳密な精進料理にこだわらなくてもよく、精進らしい組み合わせで、家族で先祖を敬いながら楽しみましょう。

作り方 P.136

小鉢◆　ごま豆腐
　　　　わさび
汁物◆　冷やしとろろ汁
　　　　じゅんさい　青ゆず
揚げ物◆　飛竜頭《ひりょうず》
　　　　酢ばす（蛇籠《じゃかご》）
煮物◆　氷とうがん、かぼちゃ、オクラの冷やし鉢
和え物◆　白うり、みょうが、しいたけのごま酢和え
ごはん◆　枝豆ごはん

精進料理といえば本来、肉、魚などの動物性の食材を使わないものですが、ここでは献立は精進としてまとめてありますが、カツオこんぶだしを使っているものもあります。

夏の献立ですので、冷たくつるっとのど越しのよい献立にしました。夏野菜の冷やし鉢は、冷たい銀あんをかけるとのど越しがよく、見た目も涼やかです。

精進料理を代表するごま豆腐を、絹ごし豆腐の冷ややっこにしてもよいでしょう。

とろろ汁は、じゅんさい以外にオクラとの組み合わせも合います。

豆腐料理の飛竜頭は、かば焼きもどき、擬製豆腐、揚げ出し豆腐などにしても精進らしい献立になります。

和え物のごま酢和えで、きゅうりやみょうが、浜ちしゃ、つまみ菜などの夏の香りを楽しみます。

ごはんには旬の枝豆を使いましたが、稲荷《いなり》ずし、芋ごはん、梅じそごはんなどもよいでしょう。

月見の献立

秋の月見には、秋の七草のすすきと月見団子を供えます。旧暦の八月の旬の作物である里芋を供える芋名月、または枝豆を供える豆名月、栗の時季の栗名月など、いろいろな別名があります。月も菊も楽しむ宴の献立としました。

作り方 P.137

※先付け◆アワビの酒蒸し
　ぎんなん
汁物◆満月豆腐汁
　おかひじき　ゆず
焼き物◆サバの柚庵焼き
　菊花かぶ
※※口取り◆きぬかつぎ　栗の甘煮　枝豆
和え物◆はすのずんだ和え
ごはん◆菊おこわ
　黄菊　もってのほか　ぎんなん

九月九日の「重陽《ちょうよう》の節句」、九月の中旬ごろの月がいちばん美しい「中秋の名月」など、この時季に月や菊の観賞の宴を催します。

中秋の名月の献立に御月見団子を供えるとさらに風情が増します。

名月の名前にちなんで子芋、栗、枝豆を口取りに盛り合わせました。

汁物は豆腐を丸く抜いて満月に、おかひじきをすすきに見立てて盛りました。さらに椀種に手をかけるなら、萩《はぎ》しんじょ（小豆《あずき》とぎんなん入りのしんじょ）にして秋の七草の景色を表わし、さやいんげんとゆずで色どりも香りもよい汁物にします。

焼き物は、サバの柚庵焼き以外に、秋味といわれるサケの西京漬けやスズキの塩焼きなどの旬の魚を使ったものでもよいです。

お酒のつまみにアワビの酒蒸しを。そのほかに落ちアユの煮浸しなどもこの時季ならではの先付けです。

重陽の節句らしくするには菊おこわや菊ずしがぴったりです。

※祝い料理の前に出す料理。前菜、お通しともいいます。
※※昔はすずり盆に五～九品を色、味とも調和よく盛りつけて出されたもの。残ると折詰めして持ち帰りました。時代が変わって現在では大皿に盛られるようになり、食べきるような献立にしています。

紅葉狩りの献立

秋が深まる紅葉の季節。華やかな色を愛でていると程なく落ち葉に。
この季節は豊かな実りのときで、五穀が実り、木々に果実が熟れ、
海の幸に脂がのって、おいしいものがたくさん出まわります。
紅葉にちなんだ見た目も秋らしい献立です。

作り方 P.137

刺し身◆ひと塩アマダイ　丹波栗
　わさびしょうゆ
汁物◆うずらもどきのつくね汁
　栗麩《あわふ》　春菊　ゆず
縁高盛り※◆マナガツオの西京焼き　菊花かぶ
　サンマの有馬煮　卵焼き
　ししとう　栗の渋皮煮　ゆり根の甘煮
和え物◆ゆず松たけと水菜のお浸し
　すだち
ごはん◆吹き寄せおこわ
　栗　ぎんなん　シバエビ
　しめじ　紅葉にんじん

アマダイは身がやわらかい魚なのでひと塩にしてしめてから刺し身にします。山の幸のうずらがおいしいのですが、今回は鶏肉でうずらもどきのつくねの汁物を作りました。

縁高盛りの焼き物と八寸は、料理数を合わせて七品にしましたが、奇数の五品にしても三品にしてもよいでしょう。

和え物には、きのこの王様の松たけを使いましたが、しめじ、ひらたけなどで応用できます。

ごはん料理は日本料理ではいちばん季節感を感じさせます。ここでは、秋の落ち葉が吹き寄せるイメージで、彩り美しいおこわにしました。

※縁が高い折敷《おしき》で、菓子や料理などを盛ります。

年越しそばは、江戸時代からの風習で、そばのように細く長く生きたいという意味があり、おせちで祝う場合もあるようです。
大晦日に、そばで細く長く寿命を願い、尾頭つきのタイで一年をふり返ってお祝いします。

年越しそばの献立

作り方P.137

年越しを祝う献立に、大晦日の仕事を片づけての夕食として、そばを中心とした献立にしました。

寒い季節に温かい料理として、かぶのおいしさを生かしたかぶら蒸しは、味わいも見た目も上品な料理です。焼き物は大晦日を正月のように節会《せちえ》でお祝いする地域もありますので、おめでたい小ダイを尾頭つきで、けんちん焼きにしてみました。

献立は冷たいそばにしましたが、大晦日に年越しそばだけを食べる場合は、温かいそばがよいでしょう。

蒸し物◆かぶら蒸し
　ウナギ　ゆり根　粟麩《あわふ》
　あんかけ　わさび
焼き物◆小ダイのけんちん焼き
　ゆずの甘煮
和え物◆ほうれん草とえのきたけのお浸し
めん◆年越しそば
　つゆ　ねぎ

節分の献立

旧暦の節分に行なっていた、一年の最後の「追儺《ついな》」という鬼を追い払う儀式が、豆まきの風習となりました。

節分の日には、イワシの頭を焼いて豆の幹や柊《ひいらぎ》の枝に刺して戸口にかかげ、疫病神を家の中に入れないという風習があります。

作り方 P.137

刺し身◆漬けマグロの角造り
おろし大根　わさび

汁物◆粕汁《かす》
新巻きザケ　大根　にんじん
ごぼう　里芋　油揚げ　せり

八寸※◆イワシの卯《う》の花ずし　稲荷《いなり》ずし
はじかみ
せりのごま和え

煮物◆升《ます》かぶと大豆こんぶ

ごはん◆いり豆ごはん

豆まきにちなんだ献立としました。食材としては、豆まきの豆である「福豆」から、大豆および大豆製品をさまざまに使いました。また、見た目としては、「福豆」を入れる升をイメージして、刺し身のマグロや升かぶなどの食材の切り方を角切りにしました。

さらに、節分にちなんだイワシを使っていたり、柊の葉を飾ったりすると、まさに節分の雰囲気が高まります。

また、節分の次の日は立春ですから、これもイメージしてせりなどの春の食材もとり入れています。

※懐石料理に使われる八寸四方の杉柾《すぎまさ》の盆を使います。海のもの、里のもの、山のものの三品盛りや、今回のように海のもの、里のものの二品盛りにします。器が献立を表わして八寸の寸法にかかわらず料理の献立の位置から献立名となっています。

料理の作り方の見方

○材料の分量／食材は、実際に調理するときの重量です。
　調味料は、その重量に対しての分量が書かれています。

○計量カップ・スプーン／材料表で使用したものは、
　1カップ＝200mℓ、大さじ1＝15mℓ、小さじ1＝5mℓ　ミニスプーン＝1mℓです。

○塩／この本で使用した塩は、小さじ1＝6gの精製塩です。

○電子レンジ／電子レンジの加熱時間は600Wのものを利用した場合です。

調味パーセントについて

料理をいつも同じ味つけで作るには、調味パーセントはとても便利です。材料の分量が変わっても同じ味つけをすることができます。調味パーセントは料理が上手になるコツのひとつです。

●調味パーセントとは？

食品に調味料を加えて、味をととのえることを調味といいます。人が「おいしい」と感じる料理の味つけ濃度の範囲はおおよそ決まっています。材料の正味重量に対する調味料の割合いをパーセントで表わしたものを調味パーセントといいます。

調味パーセント(%)

$$= \frac{\text{調味料の重量}}{\text{材料の重量}} \times 100$$

調味料の重量(g)

$$= \frac{\text{材料の重量(g)} \times \text{調味\%}}{100}$$

●調味パーセントの使い方

レシピに記されている調味パーセントは何に対してか、下記に示します。

○汁物 ……………………… だしの重量に対して
○煮物 ……………………… だしを除いた材料の合計重量に対して
○焼き物、いため物、揚げ物 …… 材料の合計重量に対して
○一尾魚の場合 ……………… 下処理後の重量に対して
○切り身魚の場合 …………… 魚の重量に対して
○乾物 ……………………… もどしたあとの重量に対して
○米 ………………………… 乾物の米の重量に対して
○飯 ………………………… 炊き上がった飯の重量に対して
（すし飯や炊き込みごはん、混ぜごはんなどの場合）

●調味料の中の塩分含量と糖分含量

［塩分の換算］

料理の塩味は塩だけでなく、みそ、しょうゆも用います。しかし、甘みそ（5～8％）、辛みそ（10～13％）、しょうゆ（15％）と含まれている塩分量はそれぞれ違います。しょうゆやみそを使うときは、塩分の換算が必要となります（右表）。

［糖分の換算］

料理の甘味は砂糖、みりんです。砂糖はショ糖ですが、みりんはブドウ糖が主体のため、おだやかな甘味で、砂糖の8割の甘さです。そのため、糖分をみりんに置きかえる場合は砂糖の3倍にします。反対に、みりんによる糖分を砂糖に換算する場合は、約$\frac{1}{3}$にします（右表）。

調味料の塩分含量と糖分含量

食塩含量（g）				糖分含量（g）		
調味料／種類	塩	しょうゆ	みそ	調味料／種類	砂糖	みりん
ミニスプーン 1mℓ	1.2	約0.2	—		0.5	—
小さじ 5mℓ	6	約1	約0.8	小さじ 5mℓ	3	2
大さじ 15mℓ	18	約3	約2.2	大さじ 15mℓ	9	6
食塩を1としたときの各調味料の重量比率	1	6	8	砂糖を1としたときのみりんの重量比率	1	3

～6cm長さに切る。かまぼこは熱湯に通し、4つに切る。［ここまでを大晦日に準備しておいて元旦に仕上げる］
②のりは8枚の扇面に切る。
③だしを沸かし、aで調味する。
④もちは焼いてわんに盛る。鶏肉、小松菜、かまぼこは二番だし（分量外）で温めてからわんに盛り合わせる。③の汁を注ぎ、のりを飾る。
1人分179kcal　塩分1.4g

◆如月（二月）

いり豆ごはん　9ページ

●材料／4人分
精白米……340g
水（米の重量の150%）……500mℓ
酒……大さじ1
いり大豆……½カップ
a［シラス干し……30g　塩……小さじ½

①米は洗い、いり大豆とともに分量の水と酒に30分浸水させる。
②釜に①とaを入れて普通に炊く。
1人分387kcal　塩分1.0g

稲荷ずし　9ページ

●材料／24個分
※すし飯
精白米……500g
水（米の130%）……620mℓ
酒……大さじ2
こんぶ……10g
合わせ酢
酢（米の12～15%）大さじ4～5
砂糖（米の2～5%）……大さじ1強～大2⅔
塩（米の1.5%）……小さじ1¼
油揚げ……12枚（300g）　だし……2カップ
煮汁
砂糖（油揚げの20～25%糖分）……48～63g
みりん（油揚げの20～25%糖分）……大さじ2
しょうゆ（油揚げの3%塩分）大さじ3
にんじん……50g　だし……½カップ
砂糖（にんじんの6%）……小さじ1
塩（にんじんの1%）……ミニスプーン½弱
しょうゆ……2滴
ごぼう……40g
油（ごぼうの5%）……小さじ½
だし……大さじ3
みりん（ごぼうの4%糖分）……小さじ1
しょうゆ（ごぼうの1.5%塩分）小さじ½
さやいんげん……20g
いり白ごま（またはいり麻の実）……大さじ2

1人分190kcal　塩分1.2g

雑煮（関西風）　6ページ

●材料／4人分
里芋……小4個　大根……80g
にんじん……40g　生しいたけ……4枚
小松菜……80g
丸もち……1個50g×4個（200g）
だし……3カップ
白みそ（だしの0.6%塩分）……60g
ゆず……少量

①里芋は洗って皮をむき、鶴の子（六角形）に切る。
②大根は洗って皮をむき、4mm厚さにし、亀甲形（六角形）に切る。
③にんじんは3mm厚さの輪切りにし、梅形に抜く。
④しいたけは石づきを切り除いて焼く。
⑤小松菜は塩ゆでし、5cm長さに切る。
⑥ゆずは洗って皮を薄くむき、松葉に切る。
⑦熱湯に里芋、大根、にんじんを入れて3～4分ゆでる。
⑧なべにだしを入れて中火にかけ、みそをとき入れる。里芋、大根、にんじんを入れて静かに煮る。
⑨別のなべに湯を沸かし、もちをゆでる。または焼く。
⑩わんに大根を敷き、もちをのせ、残りの具を盛り、汁を注いでゆずを飾る。
※底に大根を敷くと、わんにもちが張りつかないので食べやすく後片づけも楽です。もともと大根と漆は縁があります。漆職人は大根をゆでて漆の乾燥を促したことが、ふろふき大根の起こりといわれます。
1人分183kcal　塩分1.1g

雑煮（関東風）　6ページ

●材料／4人分
鶏胸肉……80g　小松菜……120g
かまぼこ……⅓本　焼きのり……八つ切り½枚
だし……3カップ
a
塩（だし汁の0.6%塩分）……小さじ½
しょうゆ（だし汁の0.6%塩分）……小さじ½
切りもち……1切れ50g×4切れ（200g）

①鶏肉は一口大にそぎ切りにし、少量の湯でゆでる。小松菜は塩ゆでし、5

季節のごはん物

◆睦月（一月）

七草がゆ　6ページ

●材料／4人分（仕上がり約1200g）
精白米……1カップ（170g）
水……7カップ※
七草（または青菜）……60g
塩（仕上がりの0.4%）……小さじ⅚
※炊飯器のかゆモードで炊く場合は、炊飯器のかゆの水の量に合わせる。

①精白米は洗い、分量の水に30分浸水させる。
②電気炊飯器に①の米と水を入れ、かゆモードで炊く。または、厚手のなべ（土なべや陶製の行平なべ）に、①を入れて強火にかけて沸騰させる。ふたをきって、弱火で40～50分静かに炊く。
③七草はさっと塩ゆでし、水にとってさらし、水けを絞って細かく刻む。
④かゆが仕上がるころに七草と塩を加えて火を消し、ふたをして10分蒸らす。
1人分152kcal　塩分1.2g

小豆がゆ　6ページ

●材料／4人分（仕上がり約1200g）
精白米……1カップ（170g）
水＋あずきの煮汁……7カップ※
あずき……50g
塩（仕上がりの0.4%）……小さじ⅚
※炊飯器のかゆモードで炊く場合は、炊飯器のかゆの水の量に合わせる。

①なべにあずきと水1カップ分を入れて火にかけ、煮立ったら25分弱火で煮る。あずきと煮汁に分ける。
②米は洗い、分量の水とあずきの煮汁に30分浸水させる。
③電気炊飯器に①のあずきと②の米と水とあずきの煮汁を入れ、かゆモードで炊き、仕上げに塩を加え混ぜる。または、厚手のなべ（土なべ、陶製の行平なべ）に②を入れて強火にかけて沸騰させる。ふたをきって弱火で40～50分静かに煮る。20分くらいであずきを加え、仕上がるころに塩を加えて火を消し、ふたをして10分蒸らす。

前後の飯の端を合わせるつもりで一気に向こうに巻き込む。巻きすをもう1回巻いて形を整える。手酢で湿らして絞ったふきんで両端を押さえる。同様にして計2本作る。
⑪のりの合わせ目を下にして置き、包丁を手酢で湿らして1本を食べやすい大きさに切る。手前にひと引きし、はずみをつけて向こうへひと押しすると切りやすい。
1人分(½本)358㎉　塩分2.5g

◆弥生(三月)

五目ちらしずし　10ページ

●材料／4～6人分
すし飯(113㌻稲荷ずし参照)……1kg
かんぴょうの甘煮(114㌻巻きずし参照。細かく切る)……150g
しいたけの甘煮(114㌻巻きずし参照。薄切り)……120g
そぼろ(114㌻巻きずし参照)……¾カップ
錦糸卵※……2枚分
にんじん……80g
a
- だし……¾カップ
- 砂糖(にんじんの4%)……小さじ1
- 塩(にんじんの1%)……ミニスプーン½
- しょうゆ……少量

焼きあなご
- 開きアナゴ……1本(100g)
- b 酒・みりん・しょうゆ(1対1対1)……各大さじ2

酢ばす
- はす……60g
- c
  - 酢(はすの25%)……大さじ1
  - 砂糖(はすの15%)……大さじ1
  - 塩(はすの1.5%)……ミニスプーン1弱
  - だしまたは水……大さじ2

シバエビ…150g(殻をむいて90g)
砂糖・酢……各小さじ1
さやえんどう……40g
d
- だし……大さじ2
- 砂糖(さやえんどうの6%)……小さじ1弱
- 塩(さやえんどうの1%塩分)……ミニスプーン⅓
- しょうゆ(さやえんどうの1%塩分)……1滴

三つ葉……30g
焼きのり(もみのり)……2枚
木の芽……適量
甘酢しょうが……30g
※114㌻巻きずしの厚焼き卵の分量を24cmのフライパンで2枚に焼き、細切り。

①にんじんは3cm長さ1cm厚さに切り、aでやわらかくなるまで15分煮る。

厚焼き卵
- 卵……2個(100g)
- 塩(卵の0.3%)……ミニスプーン¼
- 砂糖(卵の3%)……小さじ1
- 油……適量

三つ葉…40g　焼きのり……全型2枚

①干ししいたけは水洗いし、かぶるくらいの水に一晩浸して充分にやわらかくなるまでもどす。かんぴょうは水で湿らせ、塩(分量外)をまぶしてしなやかになるまでもみ洗いする。かぶるくらいの湯で約15分ゆでで、軸を切り除く。
②①のしいたけともどし汁をなべに入れて紙ぶたをし、やわらかくなるまで20分煮る。途中煮汁がなくなったらだし(分量外)を足して煮る。
③②に①のかんぴょうとaのだしを加えて10分煮、aの砂糖としょうゆを加えて落としぶたをして約20分煮る。べっこう色になったら煮汁を少し残し、かんぴょうをとり出す。残りの煮汁で②のしいたけを煮含める。
④かんぴょうの甘煮はのりの幅と同じ長さに切って汁けを絞る。しいたけの甘煮は薄切りにして汁けを絞る。
⑤そぼろを作る。魚は5cm角に切り、沸騰湯で5分ゆでる。水にとって洗い、骨、皮、血合いなどを除く。ふきんに包み、流水下で軽くもんで脂肪分を洗い流す。水けを絞り、ふきんの上からもみほぐし、小なべに入れて酒と、水にといた食紅(巻きずし用は濃いめに、五目ちらしずし用は薄いピンク色に仕上げる)を加える。小なべを湯せんにかけ、菜箸4～5本を束ねてかき混ぜながら汁けをとばす。ちょっとしっとりするくらいになったら、砂糖と塩を加え混ぜ、バットに広げてさます。
⑥卵を割りほぐして塩と砂糖で調味し、厚焼き卵に焼き、1cm角の棒状に切る。
⑦三つ葉は塩ゆでする。
⑧巻きすは糸の端が出ている側を向こう側に置き、のりの表を下にして縦長に置く。
⑨手に手酢(酢と水同量で1%塩分)をつけてすし飯250gを軽くまとめ、のりの中央に縦に置き、向こう側2cmを残して均等に広げる。手前をやや高めにする。
⑩すし飯の中央に厚焼き卵、その前後にはかんぴょうと三つ葉、卵とかんぴょうの間にしいたけ、卵と三つ葉の間にそぼろをそれぞれ½量ずつのせる。巻きすの手前側を両手で持って起こし、

※すし飯のでき上がり約1kg分。稲荷ずしには、すし飯500gを使う。

①すし飯を作る。米は洗って釜に入れ、分量のこんぶと水を入れて30分以上浸水させ、酒を加えて炊く。炊き上がったらこんぶをとり除き、ごはんを飯台に移し広げ、熱いうちに合わせ酢をまわしかけ、木じゃくしで切るように混ぜ合わせてさます。
②沸騰湯に油揚げを平らに入れ、再沸騰後1～2分ゆでて、ざるにあげる。なべぶたなどで押さえて湯を軽く絞る。2つに切り、内側を袋状にはがす。
③なべに煮汁の材料を煮立て、②を平らに入れて落としぶたをして、弱火で約10分煮、途中で1回返す。汁けがほぼなくなるまで煮含める。
④にんじんは小さく薄い短冊切りにし、だしににんじんを加え温まったら、砂糖、塩で味つけして15分煮、最後にしょうゆを加え、さます。
⑤ごぼうは細かい笹がきにし、水に放す。水けをきって、なべでいため、だし、調味料を加えて、煮てさます。
⑥さやいんげんは塩ゆでし、斜め細切りにする。
⑦①のすし飯に汁けをきった④⑤⑥の具とごまを加え、木じゃくしで切るように混ぜ、24個に分ける。
⑧②の油揚げの汁けを絞り、縁を少し折り返し、⑦のすし飯をすみまできちんと詰め、端を折りたたむ。かんぴょうの甘煮で結んでもよい。
1個分101㎉　塩分0.5g

巻きずし　9ページ

●材料／2本分
すし飯(113㌻稲荷ずし参照)……500g(1本250g)
かんぴょう(乾)…15g(ゆでて100g)
干ししいたけ5枚(もどして70g)
しいたけのもどし汁……適量
a
- だし……1½カップ
- 砂糖(もどした主材料の15%)……大さじ3弱
- しょうゆ(もどした主材料の3%塩分)……大さじ2弱

そぼろ
- 白身魚(オヒョウ、タラなど)100g
- 酒……大さじ1　食紅＋水……適量
- 砂糖(魚の10%)……大さじ1強
- 塩(魚の0.6%)……ミニスプーン½

グリーンピース……さやつき200 g
卵……2個(100 g)
※米の130%。

①米は洗い、分量の水に30分以上浸水させる。
②グリーンピースはさやから出して2カップの湯に塩小さじ½(分量外)を加えた湯で10分ゆで、ざるにあげて豆とゆで汁に分ける。
③釜に①と②のゆで汁と酒と塩を入れてよく混ぜて普通に炊く。
④卵を割りほぐして②のグリーンピースを加え、炊き上がった釜に直接流し入れ、10分蒸らす。全体をほぐして器に盛る。
1人分329kcal　塩分0.5 g

◆皐月(五月)

わらび飯　14ページ

●材料／4人分
精白米……300 g
水＋具の煮汁(米の約130%)……380mℓ
塩(米の1%塩分)……小さじ½
酒……大さじ1
a わらび……アク抜きしたもの80 g
a 油揚げ……1枚(20 g)
シラス干し……15 g
b 砂糖(aの4%)……大さじ½弱
b しょうゆ(aの2%塩分)……小さじ2
b だし……¼カップ

①わらびはかたい部分を切り除き、バットに並べてジュウソウ(液の0.3%。分量外)をかけ、熱湯を注いで一晩おいてアクを抜く。熱湯で1分ゆでて水にとってさらす。2cmの長さに切る。
②油揚げは沸騰湯に入れて油抜きをし、縦半分に切り、さらに細切りにする。
③わらび、油揚げ、シラス干し、bをなべに入れて煮る。具と煮汁に分ける。
④米は洗い、釜に入れ、③の具、分量の水と煮汁も入れて30分以上浸す。塩と酒を加えて普通に炊く。
1人分302kcal　塩分1.3 g

ちまきずし　14ページ

●材料／12個分
すし飯(113ページ稲荷ずし参照)……480 g

◆卯月(四月)

竹の子ごはん　12ページ

●材料／4人分
精白米……300 g
だし(米の約130%)……380mℓ
a うす口しょうゆ(米の1.4%塩分)……大さじ1½　酒……大さじ1
ゆで竹の子……80 g
鶏胸肉・生しいたけ……各40 g
木の芽……適量

①竹の子は2cm長さの短冊切りにする。鶏肉としいたけも同様の大きさに切る。
②米は洗い、だしに30分以上浸す。
③釜に②①とaを入れて普通に炊く。
④器に盛り、木の芽を飾る。
1人分301kcal　塩分1.2 g

桜強飯　12ページ

●材料／4人分
もち米(無洗米)……320 g
水(米の100%)……320mℓ
梅肉……小さじ1　シラス干し……40 g
桜の花の塩漬け(塩を洗う)……4個
桜の葉の塩漬け(塩を洗う)……4枚

①耐熱ガラスボール(または、電子レンジ可の陶器)にもち米と分量の水を入れ、30分浸水させる。
②ボールにラップをピタリとかけて600Wの電子レンジで8分加熱し、梅肉とシラス干しを加えて全体を混ぜる。
③ラップをふわっとかけ、さらに4分加熱し、そのまま10分蒸らす。
④桜の葉は1cm角に切って③に混ぜ、器に盛って桜の花を飾る。献立用には、塩抜きをした桜の葉8枚に、表が内側になるように1枚ずつに③の強飯を⅛量ずつ包み、桜の花をそれぞれに飾る。
1人分298kcal　塩分0.7 g

菜種ごはん　12ページ

●材料／4人分
精白米……300 g
水……200mℓ ※
グリーンピースのゆで汁……175mℓ ※
酒……大さじ1 ※
塩(米の0.5%)……小さじ¼

②アナゴはなべに入る長さに切り、皮側を塩(分量外)でこすり、水で洗ってぬめりを落とす。沸騰湯でさっと霜降りし、水にとってぬめりを洗う。なべにbを入れて煮立て、アナゴを入れて5～8分煮てとり出す。焼き網を温め、アナゴの両面を軽く焼く。焼き色がついたらなべの煮汁を煮詰めたタレをアナゴにからめてさらに焼き、これを2～3回くり返す。
③はすは皮をむいて花形にして薄い輪切りにし、水にさらす。沸騰湯2カップに酢大さじ1(分量外)を加え、はすを3分ゆで、水にとってぬめりを洗う。なべにcを煮立ててはすを入れ、さっと煮、バットに広げてさます。半量は刻む。
④シバエビは背わたを除いて2分ゆでる。さめたら頭と殻をむき、砂糖と酢をかける。
⑤さやえんどうは筋を除いて塩ゆでし、水にとって冷やして1cm幅の斜め切りにする。なべにdを温め、さやえんどうをさっと煮てさます。
⑥三つ葉は塩ゆでして水にとってさまし、1cm長さに切って水けを絞る。
⑦すし飯にかんぴょう、しいたけ、アナゴ、にんじん、刻んだ酢ばす、三つ葉の順に混ぜ合わせる。
⑧器に盛り、もみのり、そぼろ、錦糸卵、酢ばす、シバエビ、さやえんどう、木の芽を彩りよく散らし、甘酢しょうがを細切りにして添える。
1人分(⅙量)473kcal　塩分4.1 g

嫁菜飯　10ページ

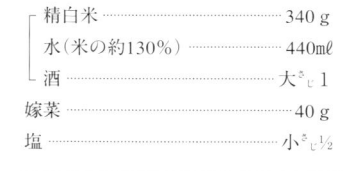

●材料／4人分
精白米……340 g
水(米の約130%)……440mℓ
酒……大さじ1
嫁菜……40 g
塩……小さじ½

①米は洗い、分量の水に30分浸水させる。酒を加えて普通に炊く。
②嫁菜は根のかたい部分を切り除いてきれいに洗い、沸騰湯で2分くらい塩ゆでして、水にさらす。水けをかたく絞って細かく刻む。
③蒸らしたごはんに嫁菜と塩を加えて混ぜ合わせる。
1人分308kcal　塩分0.7 g

●材料／４人分

そうめん……乾200g

つけつゆ※
- だし……320mℓ
- しょうゆ……80mℓ
- みりん……40mℓ

鶏ささ身……60g
酒……小さじ1
塩(ささ身の0.5%)……ミニスプーン¼

卵……２個
塩(卵の0.3%)……ミニスプーン¼
油……適量

干ししいたけ…４枚(もどして40g)
つけつゆ……½カップ
酒……大さじ1
しょうゆ(もどしたしいたけの1.5%塩分)……小さじ½

にんじん……100g
a
- だし……大さじ2
- 砂糖(にんじんの３%)……小さじ1
- 塩(にんじんの0.5%)……ミニスプーン½弱
- 酒……少量

きゅうり……１本(100g)
塩(きゅうりの0.5%)……ミニスプーン½弱

薬味
- さらしねぎ……5cm分
- みょうが(小口切り)……４個
- おろしわさび……適量

※だし対しょうゆ対みりん＝４対１対0.5

①つけつゆはすべての材料を合わせてひと煮立ちさせ、さます。
②ささ身は筋を除いて酒と塩をふり、ラップをして600Wの電子レンジで２分加熱して熱いうちに裂く。
③卵はほぐし、塩で調味して薄焼き卵を作り、細く切って錦糸卵にする。
④しいたけはもどして軸を切り除き、分量の①のつけつゆでやわらかく煮る。酒としょうゆを加えて煮含め、さまして細く切る。
⑤にんじんはせん切りにし、ａでやわらかく煮る。
⑥きゅうりはせん切りにし、分量の塩と水を少量ふってしんなりとなったら水洗いして絞る。
⑦ねぎとみょうがは切って別々に水にさらし、水けをきる。
⑧そうめんはたっぷりの沸騰湯にほぐし入れ、再沸騰したら火を弱めて３分程度ゆで、冷水にとって冷やし、水洗いする。
⑨そうめんと②③④⑤⑥の具を盛り、①のつけつゆと⑦の薬味を添える。

１人分295kcal　塩分2.5g

で軽く巻いてしばらくおく。食べやすく切って盛る。

１本分254kcal　塩分1.1g

◆水無月(六月)

アユおこわ　17ページ

●材料／４人分

もち米(無洗米)……320g
水(米の100%)……320mℓ
酒……大さじ1
塩(米の0.5%)……小さじ¼
塩焼きしたアユ……２尾

①耐熱ガラスボール(または電子レンジ可の陶器)にもち米と分量の水を入れて30分浸水させる。
②ラップをピタリとかけて600Wの電子レンジで8分加熱し、酒に塩をとかして加え、全体を混ぜる。
③ラップをふわっとかけてさらに4分加熱し、そのまま10分蒸らす。
④１人分の器に③のおこわを¼量盛り、塩焼きしたアユの頭と尾を切り除き、２つずつに切って１切れのせ、蒸し器で温める。あれば、たでをのせてふたをして供する。

１人分382kcal　塩分0.5g

新茶葉飯　17ページ

●材料／４人分

精白米……300g
水(米の100%)……300mℓ
こんぶ……5cm角
塩(米の１%)……小さじ½
酒……大さじ1
茶葉……大さじ1

①米は洗い、分量の水とこんぶとともに30分浸水させる。塩と酒を加えて普通に炊く。
②茶葉は湯少量を入れて葉をふやかし、細かく刻んでうすく塩(分量外)をふる。
③炊き上がったごはんに②の茶葉を加え混ぜる。

１人分271kcal　塩分0.7g

◆文月(七月)

五色そうめん　18ページ

白身魚……120g
塩(魚の0.5%)……ミニスプーン½
サイマキエビ……１尾16gのもの６尾
白板こんぶ……½枚
すし酢
- 酢……大さじ1　砂糖……小さじ½
- 水……¼カップ　塩……ミニスプーン½

合わせ酢
- 酢・水……各大さじ½
- 塩……ミニスプーン½

木の芽……６枚
笹の葉……36枚　い草……12本

①白身魚はそぎ造りにし、塩をして10分おき、酢(分量外)で洗う。
②エビは腹側に串を刺し、塩ゆでしてざるにあげ、さめたら殻をむき、腹側に切り込みを入れて開く。
③白板こんぶはすし酢でさっと煮る。すしと同じ大きさの短冊に切る。
④合わせ酢を手酢にして、すし飯を12等分して軽く握る。ふきんにすし飯を円錐形に作り、①の魚、白板こんぶ、木の芽をのせ、笹の葉３枚１組でちまき形にすしを包み、い草で縛り、６個作る。残りのすし飯と②のエビを包み、同様にして６個作る。

１個分102kcal　塩分0.4g

手綱ずし　14ページ

●材料／１本分

すし飯(113ページ稲荷ずし参照)……100g
サヨリ…１尾(三枚におろして40g)
塩(サヨリの４%)……小さじ¼
酢……適量
サイマキエビ……２尾(30g)
a
- 酢……小さじ½　砂糖……小さじ1
- 塩(エビの１%)……ミニスプーン¼

①サヨリは三枚おろしにして腹骨をそぎ除き、分量の塩をふるか、立て塩(２～３%濃度の塩水)に浸す。
②塩がまわったら酢洗いして薄皮をむき、片身を斜めに２つに切る。
③エビは洗って背わたを除き、腹側に竹串を刺してゆで湯(湯３カップ＋塩小さじ½＋酢大さじ1)で２分くらいゆでる。さめたら殻をむき、ａをかけてしばらくおく。腹側に切り目を入れて開く。
④すし飯を軽く握り、ふきんに包んで棒状に形を整える。
⑤かたく絞ったふきんの上に②のサヨリと③のエビを手綱になるように交互に斜めに置き、すし飯をのせ、ふきん

食用菊（黄菊）……30 g
食用菊（もってのほか）……30 g
ぎんなん……12個

①耐熱ガラスボール（または電子レンジ可の陶器）にもち米と分量の水を入れ、30分浸水させる。
②ボールにラップをピタリとかけて600Wの電子レンジで８分加熱し、酒に塩をとかして加え、全体を混ぜる。表面を平らにし、ラップをふわっとかけてさらに４分加熱し、そのまま10分蒸らす。
③黄菊ともってのほかは花弁を摘み、３カップの湯に酢大さじ１（分量外）を加えた沸騰湯でそれぞれ20秒ゆでて、水にとってさまし、水けを絞ってほぐす。
④ぎんなんは殻をむき、少量の油（分量外）でいりながら薄皮をとり、緑色になったら塩を少量（分量外）をふり、横に半分に切る。
⑤器に②のおこわを盛り、③の菊と④のぎんなんをきれいに散らす。
１人分318kcal　塩分0.4 g

萩おこわ

22ページ

●材料／４人分
もち米（無洗米）……320 g
水（もち米の100％）……320mℓ
酒……小さじ２　塩……小さじ⅓
大納言……½カップ（75 g）
水……1½カップ
ぎんなん……12個

①耐熱ガラスボール（または電子レンジ可の陶器）にもち米と分量の水を入れ、30分浸水させる。
②ボールにラップをピタリとかけて600Wの電子レンジで８分加熱し、酒に塩をとかして加え、全体を混ぜる。表面を平らにし、ラップをふわっとかけてさらに４分加熱し、そのまま10分蒸らす。
③なべに大納言と分量の水を入れて火にかけて、中火で30分やわらかくなるまで煮る。途中水がなくなったらひたひたまで足しながら煮る。
④ぎんなんは殻をむき、ゆでて薄皮をむく。縦に四つ割りにする。
⑤器に②のおこわを盛り、③の大納言と④のぎんなんを萩のように飾る。
１人分375kcal　塩分0.5 g

③②のアナゴを焼き網で焼き、ときどき煮汁をからめてはあぶって照りをつける。これを２～３回くり返す。
④器にごはんを盛り、残っている煮汁をかけ、③を食べやすい大きさに切って実ざんしょうとともに盛り、蒸し器で５分くらい温める。ねぎを散らす。
１人分347kcal　塩分1.1 g

枝豆ごはん

21ページ

●材料／４人分
精白米……300 g
水（米の130％）……390mℓ
こんぶ……５cm角
枝豆……さやから出したもの100 g
塩（米の1.3％）……小さじ⅔
酒……大さじ１

①米は洗い、こんぶとともに分量の水に30分以上浸水させる。
②枝豆は塩ゆでしてさやから出し、分量の塩のうち半量をまぶす。
③釜に①と②の枝豆と残りの塩と酒を加えて普通に炊く。
１人分302kcal　塩分0.9 g

◆長月（九月）

むかごごはん

22ページ

●材料／４人分
精白米……300 g
だし（米の120％）……360mℓ
むかご……80 g
a 酒……大さじ１
a しょうゆ（米の1.5％塩分）……大さじ１
a 塩（米の1.5％塩分）……小さじ¼

①米は洗い、分量のだしに30分浸水させる。
②むかごはaに浸して10分おく。
③釜に①と②をつけ汁ごと入れてひと混ぜし、普通に炊く。
１人分291kcal　塩分1.1 g

菊おこわ

22ページ

●材料／４人分
もち米（無洗米）……320 g
水（もち米の100％）……320mℓ
酒……大さじ１　塩……小さじ¼

ハモ皮ごはん

18ページ

●材料／４人分
精白米……300 g
水（米に対して130％※）……350mℓ
酒……大さじ１
塩（米の１％塩分）……小さじ¼
しょうゆ（米の１％塩分）……大さじ½
ハモ皮……80 g
新ごぼう……80 g
油（ごぼうの４％）……小さじ１
a みりん（ハモ皮とごぼうの４％糖分）……大さじ１
a しょうゆ（ハモ皮とごぼうの１％塩分）……小さじ２
a だし……大さじ２　酒……大さじ１
しょうが……１かけ分
※洗米時の吸水量10％を含む。

①米は洗い、分量の水に浸水させる。酒と塩としょうゆを加えて普通に炊く。
②ハモ皮は骨抜きをして焼き、刻む。
③ごぼうは笹がきにし、水にさらしアクを抜く。なべに油を熱し、水けをきったごぼうを加えて油がまわるまでいためる。aを加えて落としぶたをし、ごぼうの歯ざわりが残り、煮汁が少し残るまで中火で５～６分程度煮る。
④炊き上がったごはんに②のハモ皮、③のごぼうと、煮汁を少量加えて蒸らす。軽く混ぜて器に盛り、せん切りして水にさらしたしょうがをのせる。
１人分326kcal　塩分1.0 g

◆葉月（八月）

アナゴ飯

21ページ

●材料／４人分
ごはん……600 g
開きアナゴ……200 g
煮汁 しょうゆ（アナゴの1.5％塩分）……大さじ１
煮汁 みりん・酒……各大さじ１
煮汁 水……½カップ
実ざんしょう……10 g
小ねぎ（小口切り）……２本

①アナゴをなべに入る大きさに切り、皮側に塩小さじ½（分量外）をこすりつけ、水で洗ってぬめりを落とす。
②煮汁の材料に実ざんしょうを合わせて煮立て、アナゴを入れて５分煮る。

ぎんなん……12個
にんじん……40g
d　だし……½カップ
　砂糖(にんじんの5%糖分)……小さじ⅔
　酒……小さじ1
　塩(にんじんの1%)……ミニスプーン⅓
e　塩
　しょうゆ　(米の1.2%塩分)……小さじ½
　　……少量

①米ともち米は分量の水と酒に2時間浸水させ、つけ水と米とに分ける。
②栗は水に10分さらして水けをきり、なべに平らに並べ入れ、くちなしの実をガーゼに包んで入れてひたひたの水を注ぎ、弱火で20〜30分ゆでてゆで汁をきる。aを合わせて火にかけて温め、栗を入れて紙ぶたをし、弱火で約30分煮含める。
③シバエビは背わたと殻を除き、湯1カップに酢小さじ1杯弱(分量外)と塩小さじ¼(分量外)を加えた中で2分強ゆでる。さまして殻をむき、bをふる。
④しめじは石づきを除き、cでさっと煮る。ぎんなんは殻をむいてゆで、薄皮をむく。
⑤にんじんはもみじ型で抜いて薄切りにし、dでやわらかく煮る。
⑥①のつけ水をなべに入れて煮立て、米ともち米を入れてふたをする。中火にして米が充分吸水するまで煮る。
⑦かたく絞ったふきんを蒸し器に敷き、⑥の米を広げ入れ、強火で30分蒸し、ボールにあける。
⑧②の栗は2つずつに切り、ほかの具とも飾り用を少しとりおき、残りを汁ごと⑦に加え、eも加えてざっくりと混ぜ、もう一度蒸し器に戻して5〜10分蒸す。
⑨ざるに広げてあら熱をとる。器に盛り、飾り用の具を彩りよく散らす。
1人分405kcal　塩分1.7g

赤飯

26ページ

●材料／4人分
もち米……340g
水＋ささげのゆで汁
　(もち米の100%)……340mℓ
ささげ(もち米の10%)……30g
水(豆の5倍)……¾カップ
ごま塩……適量

①ささげは洗って5倍の水で約20分ゆでる。
①米ともち米は洗い、分量の水に30分以上浸水させる。
②釜に①と栗とaを加えて普通に炊く。
③器に盛ってごまを散らす。
1人分330kcal　塩分1.2g

◆霜月(十一月)

タイ飯

26ページ

●材料／4人分
精白米……340g
水(米の130%)……440mℓ
塩(米の1%)……小さじ½
酒……大さじ2
タイ(骨つき)……2切れ(300g)
塩(タイの1%)……小さじ½
しょうが(みじん切り)……10g
ゆず(せん切り)……適量

①タイの切り身に分量の塩をふって10分程度おき、塩焼きにする。
②米は洗い、分量の水に30分以上浸水させる。炊く直前に塩と酒を加え、①のタイとしょうがを入れて普通に炊く。
③炊き上がったら骨はとり除き、身をほぐして混ぜる。ゆずを散らす。
1人分349kcal　塩分0.8g

吹き寄せおこわ

26ページ

●材料／4人分
精白米……85g
もち米……175g
水　(米ともち米の90%)……230mℓ
酒……大さじ1
栗……殻と渋皮をむいたもの12個
くちなしの実……1個
a　水……2カップ
　砂糖(水の15%)……60g
　塩(水の0.3%)……ミニスプーン1
シバエビ200g(殻をむいて120g)
b　酒(シバエビの2%)……小さじ½
　みりん(シバエビの2%糖分)
　　……小さじ½
　塩(シバエビの1%)……ミニスプーン1
しめじ……100g
c　酒……大さじ2
　みりん(しめじの2%糖分)
　　……小さじ1
　うす口しょうゆ(しめじの
　　2%塩分)……小さじ2
　だし……大さじ3

◆神無月(十月)

サバ棒ずし

24ページ

●材料／1本分
すし飯(113ページ稲荷ずし参照)……350g
サバ……三枚おろし片身大1枚(200g)
塩(サバの4%)……小さじ1⅓
酢……½カップ
白板こんぶ……30cm1枚
a　酢……大さじ¼　水……¼カップ
　砂糖……小さじ½
甘酢しょうが……適量

①サバは腹骨をすき除く。両面に分量の塩をまんべんなくふる。そのままおき、塩がとけたら冷蔵庫に入れる(夏は60〜90分、冬は4〜5時間)。サバの骨を除いて酢(分量外)で塩を洗い落とし、分量の酢に20〜30分浸す。薄皮を頭のほうからむき、厚さが均一になるように切り開いて整える。
②すし飯は絞ったぬれぶきんに包んで軽くもみ、サバと同じ長さの棒状に整える。
③絞ったぬれぶきんにサバの皮側を下にして置き、長方形に切り整える。
④②のすし飯をのせてきっちりとぬれぶきんで包み、形を整える。
⑤白板こんぶはaの甘酢水で弱火で5分煮てさます。
⑥④のふきんをはずし、サバの表面に⑤のこんぶをかぶせる。食べやすい大きさに切って盛り、甘酢しょうがを添える。すぐに食べないときはラップに包んで室温に保存する。
1本分1073kcal　塩分5.1g

栗ごはん

24ページ

●材料／4人分
むき栗……150g
精白米……260g
もち米……80g
水(精白米の130%ともち米の90%)
　……410mℓ
a　塩　※……小さじ½
　うす口しょうゆ　※……小さじ2
　酒……大さじ1
　砂糖(米ともち米の1.2%)……大さじ½
いり黒ごま……適量
※米ともち米の1.5%塩分。

季節の魚料理

◆睦月(一月)

マナガツオの西京焼き きんかん甘煮　32ページ

●材料／4人分

- マナガツオ……300 g
- 塩(マナガツオの0.5%)……小さじ¼

西京みそ床
- 西京みそ……200 g
- みりん……大さじ1
- 酒……大さじ2

きんかん甘煮
- きんかん……8個
- a 砂糖(水の30%)……60 g
- a 水……1カップ

①マナガツオは三枚おろしにして、1切れ40 g程度の切り身にする。分量の塩をふって10分おく。
②みそ床はみそとみりんを混ぜ、酒を加えながら生地のとろみを調節する(漬けて1日以上おく場合はかために、3時間程度の場合はゆるめにする)。
③①の魚をクッキングペーパーに包み、②のみそ床に3時間～1日漬ける。
④串打ちして強火の遠火で色よく焼き、みそ床にしみ出た液体を表面に塗りながら焼く。これを2、3回くり返し、照りをつける。または、同様にしてグリルで両面焼く。
⑤きんかんは縦に3㎜幅に切り目を入れ、熱湯で5分ゆで、切り目から種を出す。aでやわらかく煮含める。
⑥器に④の焼き魚を盛り、右手前に⑤のきんかんの甘煮を添える。
1人分158kcal　塩分0.9 g

たたきごぼう　32ページ

●材料／4人分

- ごぼう……100 g
- 米のとぎ汁……3カップ

ごま酢衣
- いり白ごま(ごぼうの8%)……大さじ1
- 砂糖(ごぼうの6%)……小さじ2
- 塩(ごぼうの0.8%)……ミニスプーン⅔
- 酢(ごぼうの8%)……大さじ½

松葉(飾り用)……適量

①ごぼうはたわしで表面を洗い、縦半分に割り、米のとぎ汁でゆでる。水洗

①つけつゆはみりんを小なべに入れて煮立て(煮切る)、だしとしょうゆを加えて再度煮立てて火を消し、小なべを水で囲って冷やす。
②ねぎは小口切りにし、わさびはすりおろす。
③なべに分量の湯を沸かし、そばを入れて菜箸でかき混ぜながらくっつかないように強火でゆでる。再沸騰してきたら差し水を½カップ加え、4分くらいゆでる。手早くざるにあげ、たっぷりの水にとって手でもむように洗い、ぬめりをとる。
④器にそばを見場よく盛る。つけつゆと薬味を添える。
1人分204kcal　塩分2.9 g

松前強飯　28ページ

●材料／4人分

白蒸し強飯
- もち米(無洗米)……320 g
- 水(もち米の100%)……320mℓ

甘塩ザケ……2切れ(80 g)
塩こんぶ……5 g
三つ葉……20 g
イクラ……20 g

①耐熱ガラスボール(または電子レンジ可の陶器)にもち米と分量の水を入れ、30分浸水させる。
②ボールにラップをピタリとかけて600Wの電子レンジで8分加熱し、全体を混ぜる。ラップをふわっとかけてさらに4分加熱し、そのまま10分蒸らす。
③塩ザケは焼いて皮と骨を除き、あらくほぐす。三つ葉はゆでて3㎝長さに切る。
④②のおこわにほぐした③のサケと塩こんぶを加えて全体を軽く混ぜる。
⑤器に盛り、三つ葉とイクラを散らす。
1人分380kcal　塩分1.0 g

で、ときどき玉じゃくしですくっては落として豆を空気に触れさせて色を出す。ささげとゆで汁とに分ける。
②もち米は洗って水けをよくきり、分量の水と①の豆のゆで汁に3～4時間浸水させる。
③蒸気の上がった蒸し器に蒸し布を敷き、②のもち米を汁けをきって広げ、中央にくぼみをつける。その上に①のささげを散らし、強火で30～40分蒸す。途中で2回ほど②のもち米を浸した汁をたっぷり手にとって手早く表面全体にふりかける。
④蒸し布ごと持ち上げ、盆ざるにのせ、豆をつぶさないように全体を軽く均一になるように混ぜながら広げ、さます。
⑤器に盛り、ごま塩をふりかける。
1人分285kcal　塩分1.0 g

赤飯(電子レンジで作る方法)　26ページ

●材料／4人分

- もち米(無洗米)……320 g
- 水＋ささげのゆで汁(もち米の100%)……320mℓ

ゆでたささげ(もち米の20%)……65 g
ごま塩……適量

①耐熱ガラスボール(または電子レンジ可の陶器)にもち米と分量の水とささげのゆで汁を入れ、30分浸水させる。
②ささげを散らし、ラップをピタリとかけて600Wの電子レンジで8分加熱し、全体を混ぜて平らにし、ラップをふわっとかけて4分加熱し、そのまま10分蒸らす。器に盛ってごま塩をふる。
1人分320kcal　塩分1.0 g

師走(十二月)

年越しそば　28ページ

●材料／4人分

- 干しそば……200 g
- 湯(そばの10倍量)……2 ℓ

つけつゆ※
- だし……1½カップ
- しょうゆ……大さじ3
- みりん……大さじ1½

薬味　ねぎ……10cm　わさび……適量

※だし対しょうゆ対みりん＝7対1対0.5

◆弥生（三月）

サザエのつぼ焼き　36ページ

●材料／４人分

サザエ……４個
生しいたけ……４枚　三つ葉……少量
煮汁［だし……１½カップ　塩……小さじ¼
　　　しょうゆ…小さじ½　みりん…小さじ１

①サザエは１個ずつ、まわりを新聞紙２枚重ねで包み、耐熱皿に並べて600Ｗの電子レンジで１個につき約２分間加熱する。竹串で身をとり出し、わたを除いて一口大に切る。
②しいたけは、１cm角切りにする。
③煮汁の材料を合わせる。
④貝殻にサザエとしいたけを入れて煮汁を張り、焼き網に並べて火にかけて煮立つまで焼く。
⑤器に貝殻ごと盛り、２cmに切った三つ葉を散らす。
１人分28㎉　塩分0.7ｇ

サヨリの桜じめ 苺アカガイ　36ページ

●材料／４人分

サヨリ
　……２尾（三枚におろしたもの60ｇ）
桜の花の塩漬け（塩を洗う）……８個
こんぶ……10cm長さ４枚
アカガイ…４個（下処理したもの80ｇ）
うど……20cm
塩蔵わかめ……もどしたもの20ｇ
おろしわさび……適量
加減酢［しょうゆ・柑橘酢・こんぶだし
　　　……各大さじ１

①サヨリは三枚おろしにし、頭のほうから皮を引く。桜の花の塩漬けをのせてこんぶで30分以上はさみ、こぶじめにする。細造りにする。
②アカガイは殻を開いて身を出す。貝ひもを除き、身は厚みを半分に切ってわたを除く。まな板に身とひもをのせて塩小さじ½（分量外）をふる。小さめのざるを赤貝にかぶせて左右に動かす。水洗いしてぬめりをとる（塩みがき）。
③さらしぶきんを水でぬらし、かたく絞って６～８つにたたんで細い棒状にし、その上にアカガイの身をのせて表面に格子の切り目をいれる。

化粧塩……少量　柊（飾り用）……適量

①イワシはうろこを除き、つぼ抜きしてえらと内臓をとり除く。
②全体に分量の塩をふって10分くらいおく。水けをふきとり、串を打つ。全体に化粧塩をふる。
③強火の遠火で表から焼く。焼き色がついたら裏返し、中まで火を通す。または、グリルで両面焼く。
④イワシを器に盛り、おろし大根を右手前に盛り、柊を飾る。
１人分170㎉　塩分0.8ｇ

イワシの卯の花ずし イワシの卯の花和え　35ページ

●材料／各４人分

イワシの三枚おろし…２尾分（80ｇ）
塩（イワシの２％）……小さじ¼
酢……適量

おから……漉したもの80ｇ
a［塩（おからの１％）……ミニスプーン⅔
　 砂糖（おからの15％糖分）……大さじ１
　 みりん……小さじ２
卵黄……１個分
酢（おからの30％）……大さじ１⅔
針しょうが……適量

①イワシは分量の塩をふって15分おく。酢に５分浸して薄皮をむく。
②おからは水を加えて目のあらい漉し器で漉し、漉した水のほうをふきんにとって水けを絞る。
③なべに②のおからとａを入れて中火でいる。卵黄をとき加えて火を通す。火を消し、酢を加え混ぜる。
④卯の花ずしは、③のおから¼量を２本の棒状にまとめ、①のイワシ２切れをそれぞれのせて形を整える。食べやすい大きさに切る。
⑤卯の花和えは、③の残りのおからをパラッとなるまで、からいりする。
⑥①の残りのイワシは皮に隠し包丁を入れて１cm幅のそぎ切りにし、⑤の卯の花をまぶす。
⑦④の卯の花ずしと⑥の卯の花和えを器に盛り、卯の花和えの上に針しょうがをのせる。
卯の花ずし　１人分32㎉　塩分0.1ｇ
卯の花和え　１人分56㎉　塩分0.1ｇ

いし、まな板に並べ、すりこ木でたたいてやわらかくし、５cm長さに切る。
②白ごまはよくすり、衣の残りの調味料を合わせてごま酢衣を作り、①のごぼうを和え、器に盛り、松葉を飾る。
１人分34㎉　塩分0.2ｇ

数の子　32ページ

●材料／４人分

塩数の子……100ｇ
［塩……小さじ¼　水……２カップ
酒……大さじ１
漬け汁［だし・しょうゆ……各大さじ１½
　　　　みりん……大さじ½
　　　　削りガツオ……½カップ

①数の子は分量の塩水に１日浸してもどして薄皮をむき、きれいに掃除をする。酒をふりかけて下洗いする。
②小なべに漬け汁の材料を入れて煮立て、万能こし器などで漉してさまし、①の数の子を漬ける。
１人分26㎉　塩分0.6ｇ

田作り　32ページ

●材料／４人分

ごまめ……50ｇ
a［酒……大さじ１
　 砂糖（ごまめの20％）……大さじ１強
　 しょうゆ（ごまめの6％塩分）
　 ……大さじ１強

①ごまめはふきんでふいてほこりをとり、焦がさないようにいる。ごまめをさましてポキッと折れるくらいがよい。
②なべにａを入れて火にかけ、泡が立ってきたら①のごまめを入れて全体に煮汁をからめる。皿にあけて、１尾ずつ離してさます。
１人分48㎉　塩分0.3ｇ

◆如月（二月）

イワシの塩焼き　35ページ

●材料／４人分

イワシ
　内臓等を抜いたもの４尾（300ｇ）
塩（イワシの２％）……小さじ１
おろし大根……160ｇ

入れて厚めに切る）にして大皿に盛る。
④カツオの上にとりおいた盛りつけ用の薬味のおろし大根、おろししょうが、小ねぎなどをのせて盛る。aを合わせてポン酢しょうゆを作り、添える。
1人分135kcal　塩分1.1 g

◆皐月（五月）

カツオの赤身造り　40ページ

●材料／4人分
カツオの赤身……200 g
薬味［青じそ…4枚　しょうが……20 g
　　　みょうがたけ……2本

①カツオは皮を引き、0.7～10mm厚さの平造りに切る。
②青じそはせん切りにし、みょうがたけは小口切りにし、ともに水にさらす。しょうがはおろす。
③器にカツオを盛り、薬味を添える。
1人分62kcal　塩分0.6 g

アイナメの木の芽焼き　40ページ

●材料／4人分
アイナメ
　…1尾（三枚におろしたもの300 g）
a［しょうゆ・酒・みりん…各大さじ4
木の芽（細かく刻む）……20枚

①アイナメは三枚におろして、骨切り（皮を下にして2～3mm間隔に皮を切らないように切り目を入れて小骨を切る）し、aの漬け汁に10～15分漬ける。
②①のアイナメに縦に末広に串打ちして、身のほうから4～5分焼き、裏返して皮側を同様に焼いて焼き色がついたら、漬け汁をすくってかけ、焦げないように焼いてかわかす。これを2～3回くり返して照りよく焼き上げる。または、グリルで同様に焼く。
③最後の漬け汁をかけたら、木の芽を身の側に散らし、あぶる。あら熱をとり、串を回して抜いて器に盛る。
1人分96kcal　塩分1.0 g

◆水無月（六月）

キスのこぶじめ 糸造り　42ページ

さやえんどう……60 g
b［だし……1/2カップ
　　砂糖（さやえんどうの5％）小さじ1
　　塩（さやえんどうの1.2％）ミニスプーン1/2
　　うす口しょうゆ……2滴

①イカは表皮とその下の薄皮をむき、一枚に開く。皮をむいた面に松笠の切り目を入れ、3×4cm角に切る。
②aを合わせて煮立て、イカの切り目を入れた側を下にして入れ、中火にして切り目が開く程度にさっと煮、裏返してとり出す。
③煮汁を弱火で少し煮つめてさます。この煮汁をイカにかける。
④さやえんどうは筋をとり、青く塩ゆでし、水にとってさます。
⑤bのうす口しょうゆ以外を小なべに入れて煮立て、④を加えて中火で1分、ときどき返しながら煮る。うす口しょうゆを落として火を消し、煮汁と別々にさます。元に戻して味を含ませる。
⑥③のイカと⑤のさやえんどうを器に盛り合わせる。
1人分32kcal　塩分0.5 g

カツオのたたき　40ページ

●材料／4人分
［カツオ（腹身側1/4身）……400 g
　塩（カツオの1％）……小さじ2/3
　レモン汁……1/2個分
薬味［おろし大根……1カップ
　　　おろししょうが……40 g
　　　小ねぎ（小口切り）……40 g
a［しょうゆ・レモン汁……各大さじ2

①カツオは分量の塩をふり、腹側の皮を下にして置き、金串を5～6本末広に打ち、コンロの強火で皮のほうを20秒ほど焼いて少し焦げ目をつける。身のほうは表面が白く色が変わる程度に約15秒焼き、氷水にさっと浸して冷やし、すぐに水けをふいてまな板にとる。
②カツオはさくのまま全体にレモン汁をかけ、包丁の腹でたたいて味をなじませる。バットなどに入れ、盛つけ用におろし大根、おろししょうが、ねぎの一部を少々残し、残りの薬味をカツオ全体にかぶるようにのせて冷蔵庫で30分冷やし、しめる。
③②のカツオの薬味をはずし、切りかけ造り（厚みの真ん中の皮に切れ目を
④切り目の裏をまな板に打ちつけ、切り目を開かせる。
⑤うどは皮をむき、かつらむきしてから斜めに細切りにし、水に浸してよりうどを作る。わかめはもどし、1cm幅に切る。
⑥器にうどとわかめを盛り、サヨリとアカガイを盛り合わせ、右手前にわさびを添える。
1人分37kcal　塩分0.8 g

◆如月（四月）

タイの桜蒸し　38ページ

●材料／4人分
［タイ
　　1切れ50 gのもの4切れ（200 g）
　塩（タイの0.5％）……小さじ1/6
　酒……小さじ1
　a［道明寺糒……100 g
　　　だし……1カップ　酒……大さじ1
　　　食紅……少量
　桜の葉の塩漬け……8枚
あん［だし……1 1/2カップ
　　　うす口しょうゆ（だしの1％塩分）…小さじ1
　　　塩…小さじ1/3
　　　くず粉（だしの3％）……大さじ1
おろしわさび……少量

①タイは三枚おろしにし、4切れに切る。分量の塩、酒をふり5分以上おく。
②なべにaのだしと酒を入れて火にかけ、煮立ったら食紅を加える。
③道明寺糒をボールに入れ、②を加えて混ぜ合わせ30分おく。
④桜の葉は水に10分浸して塩抜きする。
⑤盛りつける器に桜の葉、①のタイ、③を40 g、④の桜の葉の順にのせ、4つ作る。強火の蒸し器で10分間蒸す。
⑥あんの材料をなべに合わせて混ぜながら煮立て、とろみをつける。⑤にかけ、わさびをのせる。
1人分203kcal　塩分1.1 g

イカの白煮　38ページ

●材料／4人分
イカの胴……100 g
a［塩（イカの1％）……小さじ1/6
　　酒（イカの5％）……小さじ1
　　みりん（イカの2％糖分）…小さじ1
　　こんぶだし（または水）……大さじ1

④器に③のしそ揚げを２個ずつ盛り、右手前におろし大根を置く。

１人分192kcal　塩分0.7 g

◆葉月（八月）

アワビの酒蒸し　47ページ

●材料／４人分

アワビ 殻つき約300 gのもの１個※
塩 ……………… 小さじ１
酒 ……………… 大さじ１
ぎんなん ……… ８個　松葉 ……… ４本
※殻を除いて120 g。

①アワビは殻つきのまま、殻をたわしなどでよく洗い、身には分量の塩をまぶして手でみがき洗う。
②バットにアワビを身を下にして置いて蒸し器で強火で20分蒸し、身を上にして酒をかけてさらに強火で40分蒸す。
③殻から身をはずし、わたを除いてよく洗い、裏返しにして殻に置く。蒸し器に入れてさらに30分蒸すとやわらかくなる。いちばん身の厚い部分に竹串を刺してすっと通るようになればよい。
④さめるまでそのまま蒸し器の中に置き、身をとり出して４～５㎜厚さに切り、器に盛る。
⑤ゆでたぎんなんを松葉に刺し、④のアワビに添える。そのまま食べてもよいが、しょうが汁を入れた二杯酢か三杯酢にさっとつけて食べたり、わさびじょうゆやしょうがじょうゆをつけて食べてもよい。

１人分41kcal　塩分0.2 g

タチウオの南蛮焼き　47ページ

●材料／４人分

タチウオ
…… ½尾（三枚におろしたもの160 g）
漬け汁
しょうゆ（タチウオの２％塩分）
……………… 大さじ１
みりん（タチウオの４％糖分）
……………… 大さじ１
酒（タチウオの10％） ……… 大さじ１
青ねぎ ……………… ２本
新しょうがの甘酢漬け ……… ４本

①青ねぎは網で焦がさないように焼く。
②タチウオの三枚おろしを漬け汁に10分漬ける。

◆文月（七月）

ハモの落とし　44ページ

●材料／４人分

ハモ ……… 骨切りしたもの200 g
かたくり粉 ……………… 適量
きゅうり ……………… １本
花穂じそ ……… ４本　青じそ ……… ８枚
梅肉しょうゆ
梅干し ……………… １個
うす口しょうゆ ……… 小さじ１
こんぶだし ……………… 大さじ１
氷 ……………… 適量

①ハモは８つに切り、かたくり粉をはけできれいにまぶす。熱湯に通し、身が開いたら冷水にとって冷やし、水けをふく。
②きゅうりは３～４㎝長さに切り、かつらむきにして細切りにし、氷水につける。
③器に氷を敷き、きゅうり、青じそを敷き、①のハモを盛りつけ、花穂じそを摘んで散らす。
④梅干しの果肉を裏ごしし、梅肉しょうゆの残りの材料と混ぜ合わせて③に添える。わさびじょうゆも合う。

１人分87kcal　塩分0.4 g

アジのしそ揚げ　44ページ

●材料／４人分

小アジ
…… ８尾（三枚におろしたもの300 g）
a
青じそのせん切り ……… ４枚分
しょうがのみじん切り ……… 小さじ１
みそ（アジの0.3％塩分） ……… 大さじ½
卵黄 ……………… １個分
b
塩（アジの0.3％塩分） ……… 小さじ1/7
浮き粉・酒 ……………… 各小さじ２
青じその葉 … ８枚　大根おろし … 200 g
揚げ油

①アジは三枚おろしにして腹骨をそぎとり、薄切りにしてaを加え、出刃包丁で細かくなるまでたたきつぶす。bを合わせてとかして加え、たたきながら混ぜる。または、フードカッターでアジ、a、bを合わせてすり身にする。
②青じその裏側の中央に、すり身を⅛量ずつのせ、葉を二つ折りにする。
③170℃に熱した揚げ油で②を色よく揚げる。

●材料／４人分

キス ……… 三枚におろしたもの200 g
立て塩（３％塩分の塩水） ……… 適量
白板こんぶ（またはだしこんぶ）
……………… 10㎝長さ２枚
みょうが（せん切り） … 40 g　青じそ … ４枚
わさび ……… 少量　花穂じそ ……… ４本
※
梅干し ……… 30 g　酒 ……… ½カップ
みりん 大さじ½　うす口しょうゆ 小さじ1
※いり酒。８～12人分。

①キスは三枚おろしにし、立て塩に10分浸して引き上げる。そのまま白板こんぶではさみ、ラップで包んで１時間冷蔵庫で冷やす。
②いり酒の材料を小なべに合わせてひと煮立ちさせ、火を消し、さます。
③キスをとり出し、皮を引く。皮側を上にして、約５㎜幅の糸作りにする。
④器の向こう側にみょうがを置いて青じそを敷き、キスを中央に１本ずつ重ねるように中高に盛る。花穂じそを飾り、右手前にわさびを置き、いり酒を添える。

１人分50kcal　塩分0.5 g

カマスの筒切りの塩焼き
42ページ

●材料／４人分

カマス
…… ２尾（筒切りにしたもの280 g）
塩（カマスの１％） ……… 小さじ½
酒（カマスの５％） ……… 大さじ１
ししとう …… ８本　塩 …… ひとつまみ
たで酢
たで ……………… 20枚
塩 ……………… 小さじ¼
酢 ……………… 大さじ２

①カマスは頭を切り落とし、２切れずつに筒切りにして内臓を抜き、分量の塩と酒をふりかけて10分おく。
②カマスの汁けを軽くふいて末広に串を打ち、表身（盛りつけるときに上になる側）に×印に切り目を入れる。
③表身から４分焼き、裏返して５分焼いて火を通す。温かいうちに骨を抜き、器に盛る。
④ししとうは焼いて塩をふり、カマスの手前に盛る。
⑤すり鉢にたでと塩を入れてすり、酢を加えてたで酢を作り、④に添える。

１人分106kcal　塩分0.7 g

①サンマは頭と尾を落とし、輪切りにして内臓をとり出してきれいに洗う。
②分量の熱湯に酢を加えて一度煮立て、サンマを湯通しし、水にとって血合いなどを洗う。
③なべに煮汁の材料と実ざんしょうの佃煮を入れて煮立て、②のサンマを並べ入れる。中火で煮汁がなくなるまで20～25分間煮る。途中でサンマ全体に煮汁をかけながら、味が均一につくようにする。
1人分337kcal　塩分1.6g

ひと塩アマダイ 丹波栗

50ページ

●材料／4人分
アマダイ 三枚におろしたもの240g
塩（アマダイの0.8～1％）……小さじ⅓
丹波栗の裏ごし（アマダイの10％）……大さじ2
※割りじょうゆ
だし……大さじ2
しょうゆ……大さじ1⅓
かぼす酢……小さじ2
おろしわさび……適量
※だし対しょうゆ対かぼす酢＝3対2対1

①アマダイは三枚おろしにしてさくどりし、分量の塩をして冷蔵庫で1時間くらいおく。
②栗は30分蒸して実を裏ごしする。
③①のアマダイはやや厚めに1人分3～5切れに切る。②をまぶして皿に盛り、わさびを置く。
④割りじょうゆの材料とわさびを混ぜ合わせ、小皿に盛って③に添える。
1人分84kcal　塩分1.0g

◆霜月（十一月）

キンメダイの大和蒸し

53ページ

●材料／4人分
キンメダイ……4切れ（300g）
塩（キンメダイの0.5％）……小さじ¼
酒……大さじ1
ぎんなん……4個
にんじん……20g
きくらげ……1枚
大和芋……200g
卵白（芋の5％）……10g
塩（芋の0.5％）……小さじ⅙

①柚庵地の材料を合わせ、その中にサバを15～20分漬ける。途中で数回返す。
②金串を末広に打ち、表身から中火でゆっくりと表裏に焼き色がつくように焼き、途中、柚庵地を3回程度かけては焼く。または、グリルで同様に焼く。
③焼き上がりにもう一度みりん（分量外）をはけで塗り、柚庵地のゆずをのせてさっとあぶる。
④器に③の柚庵焼きを盛って、右手前に菊花かぶを添える。
1人分163kcal　塩分1.1g

菊花かぶ

48ページ

●材料／4人分
小かぶ……4個（120g）
水……½カップ
塩（水の4％）……小さじ⅔
※合わせ酢
酢……大さじ3
砂糖……大さじ2
水……大さじ1
塩（液体の2％塩分）……小さじ¼
赤とうがらし……½本
※酢対砂糖対水が3対2対1の割合。小かぶが漬かる量を用意する。

①かぶは皮をむき、菊花に切る（茎側を下にして置き、下5㎜を残して1～2㎜幅間隔で縦横に切り目を入れる）。分量の塩水に浸してしんなりさせ、水けを絞る。
②合わせ酢の材料を合わせ、①のかぶを漬けて20分以上おく。
③赤とうがらしを小口切りにし、かぶの中央に置く。
1人分11kcal　塩分0.2g

◆神無月（十月）

サンマの有馬煮

50ページ

●材料／4人分
サンマ……2尾（400g）
熱湯……3カップ　酢……大さじ1
実ざんしょうの佃煮……大さじ2
煮汁
水……½カップ
酢・酒……各大さじ2
みりん（サンマの5％糖分）……大さじ2
砂糖（サンマの5％糖分）……大さじ1
しょうゆ（サンマの1.5％塩分）……大さじ2

③②のねぎを半分に切って合わせてそろえ、②のタチウオを巻きつけて端をつまようじなどで留め、グリルで両面焼き、漬け汁をかけてさらに焼いてかわかす。これを2～3回くり返す。
④③のつまようじをはずし、食べやすく切って器に盛り、前盛りに新しょうがの甘酢漬けを添える。
1人分121kcal　塩分0.7g

◆長月（九月）

秋サバの細造り

48ページ

●材料／4人分
サバ…三枚おろしにしたもの200g
立て塩（3％塩分の塩水）……適量
白板こんぶ（またはだしこんぶ）……10㎝長さ2枚
食用菊（黄菊）…40g　わさび……適量
※いり酒
梅干し……30g　酒……½カップ
みりん……大さじ½
うす口しょうゆ……小さじ1
※いり酒は、8～12人分。

①サバは三枚におろして立て塩に10分浸して引き上げ、そのまま白板こんぶにはさんでラップで包み、1時間冷蔵庫で冷やす。
②黄菊は花びらを摘み、酢大さじ1（分量外）を加えた沸騰湯3カップでゆで、水にとって冷やし、水けを絞る。
③いり酒の材料を小なべに合わせ、ひと煮立ちさせ、火を消し、さます。
④サバをとり出し皮を引く。皮側を上にして置き、切りかけ造り（厚みの真ん中の皮に切り目を入れる）にして平造りにする。
⑤器にサバを盛り、右手前に黄菊とわさびを置き、いり酒を添える。
1人分110kcal　塩分0.6g

サバの柚庵焼き

48ページ

●材料／4人分
サバ……4切れ（280g）
柚庵地
しょうゆ（サバの2％塩分）……大さじ2
酒……大さじ2
みりん……大さじ2
ゆずの輪切り……4切れ
菊花かぶ……4個

ゆでこぼす。

③シロップを煮立てて20分くらい弱火で煮る。食べやすく切る。

全量87kcal　塩分0g

ブリのあられ仕立て小なべ

54ページ

●材料／４人分

- ブリの切り身……300g
- 塩（ブリの0.5%）……小さじ1/4
- 酒……大さじ1
- こんぶ……６g
- 水……３カップ
- おろし大根……200g
- 絹ごし豆腐……１丁（300g）
- 青ねぎ……80g
- 梅麩……40g
- ※ポン酢しょうゆ
  - 柑橘酢……3/4カップ
  - しょうゆ……大さじ4
  - みりん……大さじ2

※ポン酢しょうゆ＝柑橘酢対しょうゆ対みりん＝２対１対0.5

①ブリは食べやすい大きさに切る。分量の塩と酒をふって10分おき、熱湯に通して霜降りにする。

②豆腐は３cm角に切る。青ねぎは１cm幅斜めに切る。

③土なべに分量のこんぶと水を入れて火にかけ、煮立つ手前でこんぶをとり出す。

④③のなべのこんぶだしを煮立て、ブリと豆腐を入れ、おろし大根をあられ状になるほどのせ、梅麩と青ねぎを入れる。

⑤ポン酢しょうゆの材料を混ぜ合わせ、なべに添える。

１人分280kcal　塩分1.0g

◆師走（十二月）

小ダイのけんちん焼き

54ページ

●材料／４人分

- 小ダイ……１尾120gのもの４尾（下処理して400g）
- a
  - しょうゆ（タイの1.5%塩分）……大さじ2
  - 酒（タイの４%）……大さじ1
  - みりん（タイの３%糖分）……大さじ2
- もめん豆腐……１丁（300g）
- にんじん……40g
- きくらげ……もどしたもの40g
- ぎんなん……４個
- 油……小さじ2
- b
  - うす口しょうゆ・酒・みりん……各大さじ1
- 卵……１個
- ゆずの甘煮……適量

①小ダイはえらをとり除き、背から開いて中骨をとり、腹骨をすきとる。aに15分漬ける。

②豆腐は、キッチンペーパーに包み、600Wの電子レンジで２分加熱し、70%（約200g）になるまで水けを絞る。

③にんじんときくらげはせん切りにし、ぎんなんは殻から出して油（分量外）でいり、薄皮をむいて輪切りにする。

④なべに分量の油を熱してにんじんをいため、②の豆腐とbを加えて汁けがなくなるまでいためる。きくらげとぎんなんを加えていためる。火を消し、卵をときほぐして加え混ぜ、そのままおいてさます。

⑤①の小ダイの汁けをふき、④をタイの中に詰めて200℃に熱したオーブンで７～８分焼く。

⑥器に盛り、ゆずの甘煮を添える。

１人分229kcal　塩分1.3g

ゆずの甘煮

54ページ

●材料／作りやすい分量

- ゆずの皮……１個分
- シロップ
  - 水……１カップ
  - 砂糖（水の30%）……60g

①ゆずの表皮のろうの部分を細かいおろし金でごく薄く削り、横半分切って果肉をとり出す。

②ゆずの皮をさらに半分に切り、２回

- 銀あん
  - だし……1 1/2カップ
  - 塩（だしの0.6%塩分）……小さじ1/6
  - うす口しょうゆ（だしの0.6%塩分）……小さじ1
  - ［かたくり粉……大さじ1　だし……大さじ2
- おろしわさび……適量

①キンメダイは分量の塩と酒をふりかけて5分程度おく。盛りつける器に皮側を上にして入れる。

②ぎんなんはゆでて薄皮をむき、輪切りにする。にんじんはもみじ形に抜き、薄切りにしてさっとゆでる。きくらげは水でもどしてせん切りにする。

③大和芋は目の細かいおろし金でおろしてボールに入れ、卵白と塩を加えてすり混ぜる。

④①に③をかけて、蒸気の上がった蒸し器で10～15分中火で蒸す。

⑤銀あん用のだしと調味料で②をひと煮し、だしでといたかたくり粉を加えてとろみをつける。

⑥蒸し上がった④に⑤の銀あんを具ごとかけ、わさびをのせる。

１人分199kcal　塩分1.0g

小貝柱と黄菊のおろし和え

53ページ

●材料／４人分

- 小貝柱（アオヤギの貝柱）……80g
- 食用菊（黄菊）……40g
- 酢・砂糖……各小さじ1
- 三つ葉の軸……10g
- おろし大根……100g
- 塩（大根の1.5%塩分）……ミニスプーン1/2
- うす口しょうゆ（大根の1.5%塩分）……小さじ1
- みりん（大根の２%糖分）……小さじ1
- 酢（大根の15%）……大さじ1

①小貝柱は塩水で洗う。

②黄菊は花びらを摘み、酢大さじ１（分量外）を加えた沸騰湯３カップでゆで、水にとって冷やし、水けを絞る。分量の酢と砂糖で下味をつける。

③三つ葉の軸をさっと塩ゆでして水にとり、水けを絞って2cm長さに切る。

④おろし大根の汁けを軽く絞り、調味料と合わせ、①②③の材料を和える。

１人分35kcal　塩分0.4g

季節の野菜料理

◆睦月(一月)

五色なます　58ページ

●材料／4人分

a［大根……200g　にんじん……30g
塩(aの1%)……小さじ1/3強

b［油揚げ……1/2枚(20g)
干ししいたけ…3枚(もどして30g)
しらたき……1/2玉(70g)

c［だし……1/4〜1/2カップ
砂糖(bの3%)……小さじ1強
塩 (bの1%塩分)……ミニスプーン1/2
しょうゆ (bの1%塩分)……小さじ1/2

ごま酢［練り白ごま(aとbの8%)28g
砂糖(aとbの5%)……大さじ2
塩(aとbの0.8%)……小さじ1/2
酢(aとbの8%)……大さじ2

①大根とにんじんは皮をむき、5cm長さの斜めせん切りにする。ともに合わせて分量の塩をふっておく。
②油揚げは湯通しし、縦半分に切り、横に細切りにする。しいたけはもどして軸を切り除いてせん切りにし、しらたきは湯通しし、3cm長さに切る。
③②をcで10分下煮し、広げてさます。
④練り白ごまに砂糖と塩を加えながらよく混ぜ、濃度を見ながら酢を加え、とろりとしたごま酢を作る。
⑤①の大根とにんじんは洗って水けを絞る。③の下煮した材料も汁けを絞り、ともに④のごま酢で和える。
1人分100kcal　塩分0.9g

煮染　58ページ

●材料／4人分

里芋……200g
だし……3/4カップ
砂糖 (里芋の6%糖分)……小さじ2
みりん (里芋の6%糖分)……大さじ1
塩 (里芋の1.2%塩分)……小さじ1/5
うす口しょうゆ (里芋の1.2%塩分)……小さじ1

にんじん……100g
だし……1/2カップ
a［塩(にんじんの1%)……小さじ1/6
砂糖 (にんじんの5%糖分)……小さじ1
みりん (にんじんの5%糖分)……小さじ1

ごぼう……80g
油(ごぼうの4%)……小さじ1
b［だし……1/2カップ
酒(ごぼうの6%)……小さじ1
みりん(ごぼうの2.5%糖分)小さじ1
しょうゆ(ごぼうの1.2%塩分)……小さじ1

はす……80g
c［だし……1カップ
みりん(はすの4%糖分)…大さじ1/2
塩 (はすの1%塩分)…ミニスプーン1/2
うす口しょうゆ (はすの1%塩分)……3滴

干ししいたけ…8枚(もどして軸を切り150g)
しいたけのもどし汁……約2カップ
だし……3/4カップ
d［砂糖 (しいたけの10%糖分)……大さじ1
みりん (しいたけの10%糖分)……大さじ1
しょうゆ(しいたけの1%塩分)……大さじ1/2

さやえんどう……40g
e［だし……1/2カップ
みりん(さやえんどうの4%糖分)……小さじ1
塩(さやえんどうの1.2%)…ミニスプーン1/2

①里芋は洗い、上下を切り落とし、側面は六角形になるように皮をむく。水からゆでる。沸騰後5〜6分ゆで、ぬめりを洗う。温かいうちにだしと砂糖と塩で10分煮、みりん、しょうゆを加えて10分煮含める。
②にんじんは8mm厚さに切って梅型で抜き、ねじり梅に整える。だしで4〜5分煮て、aを加えて20分煮含める。
③ごぼうは表面をたわしで洗い、5cm長さに切り、水にさらす。なべに分量の油を熱してごぼうをいため、bを加えてやわらかく煮る。
④はすは皮をむいて1cm厚さに切り、酢(分量外)を入れた湯で4分ゆでる。水にとって洗い、cで煮含める。おめでたいので、矢羽根にしてもよい。
⑤干ししいたけはさっと水洗いし、約2カップの水に一晩浸して充分にやわらかくなるまでもどす。軸を除いてもどし汁でやわらかくなるまで20分煮る。だしを加えて15分煮、dを加えて落としぶたをして弱火で約10分、べっこう色になり、煮汁が少し残るくらいに煮る。
⑥さやえんどうは筋を除いて色よく塩ゆでし、eでさっと煮る。
⑦①〜⑥を器に色よく盛り合わせる。
1人分138kcal　塩分2.1g

◆如月(二月)

せりのごま和え　60ページ

●材料／4人分

せり……200g
しょうゆ…小さじ1　だし……小さじ2

和え衣［いり白ごま(せりの10%)……20g
しょうゆ(せりの1%塩分)小さじ2
砂糖(せりの3%)……小さじ2
だし……大さじ1/2

①せりは8倍量の湯に塩(分量外)を入れてゆでて水にとり、だしとしょうゆで下味をつけて軽く絞る。
②いりごまをすり鉢で油が出るまでよくする。和え衣の残りの調味料を加えてよくすり混ぜる。
③②の和え衣でせりを和える。
1人分46kcal　塩分0.4g

大豆こんぶ　60ページ

●材料／4人分

乾燥大豆…50g(ゆで上がり150g)
水……1 1/2カップ

こんぶ……5cm角1枚
水……1カップ

a［砂糖(ゆで大豆の6%)……大さじ1
しょうゆ(ゆで大豆の1.2%塩分)……小さじ2

①大豆は分量の水に3時間以上浸してもどす。大豆のもどし汁とともに火にかけ、やわらかくなるまで約1時間ゆでる。150gにゆで上がる。
②こんぶは分量の水に浸してもどし、1cm角に切り、こんぶのもどし汁とaとともに①に加え、火にかける。煮立ったら火を弱めて、約10分煮含める。
1人分54kcal　塩分0.2g

◆弥生(三月)

ふきの白和え　63ページ

●材料／4人分

ふき…ゆでて皮をむいたもの120g
a［砂糖 (ふきの4〜5%糖分)……小さじ1
みりん (ふきの4〜5%糖分)……小さじ1
塩(ふきの1.2%)……小さじ1/4
だし……2/3カップ
うす口しょうゆ……少量

もめん豆腐（衣）
……150 g（汁けを絞って約100 g）
すり白ごま……大さじ1/2
砂糖（豆腐150 gに対して６％）
……大さじ1
塩（豆腐の１％塩分）……ミニスプーン1
うす口しょうゆ（豆腐の１％塩分）……小さじ1/2
だし（またはふきの煮汁）……適量
木の芽……適量

①ふきは塩（分量外）をふり、板ずりしてたっぷりの湯でゆで、水にとってさます。ふきの皮をむき、水につけてアクを抜く。縦にもって軽くふる。
②ａの調味料を煮立て、ふきを入れて中火でときどき返しながら１～２分煮る。煮汁と別々にし、さめたら煮汁にうす口しょうゆを垂らす。ふきを戻して味を含ませる。８㎜幅の斜め切りにする。
③豆腐はペーパータオルに包んで600Wの電子レンジで２分温め、ふきんに包んで約100 gになるまで汁けを絞る。
④ボールまたはすり鉢に衣の豆腐以外の材料を入れてよく混ぜ、豆腐を加えて練り混ぜる。かたさを見ながらポッテリとなるまでだしを加えてのばす。
⑤②のふきを④の衣でふんわりと和え、器に盛って木の芽を飾る。
１人分56㎉　塩分0.8 g

竹の子とエビのつくね揚げ

63ページ

●材料／４人分
ゆで竹の子……150 g
エビ……100 g
玉ねぎ……50 g
かたくり粉……大さじ2
ａ
塩（主材料の0.5%塩分）……小さじ1/6
しょうゆ（主材料の0.5%塩分）……小さじ1/2
砂糖……小さじ1/2
酒……大さじ1
グリーンアスパラガス……４～８本
揚げ油

①エビは背わたをとり除き、殻をむいて包丁で細かく切る。さらに包丁の腹ですり身にする。
②玉ねぎはみじん切りにし、かたくり粉をまぶす。
③ゆで竹の子はすりおろし、①②を加えて混ぜ、ａを加えて練り混ぜる。
④アスパラガスは根元部分の薄皮をむいて長さを半分に切り、165℃に熱した揚げ油で素揚げにする。
⑤③を８等分してつくねの形に整え、170度で3分揚げる。器にアスパラガスとともに盛る。
１人分155㎉　塩分0.7 g

◆卯月（四月）

竹の子の土佐煮　ふきの青煮

64ページ

●材料／４人分
ゆで竹の子……150 g
だし……1 1/2カップ
うす口しょうゆ（竹の子の１％塩分）
……大さじ1/2
みりん（竹の子の４％糖分）……大さじ1
削りガツオ……５ g
ふき……60 g
ａ
だし……1/2カップ
みりん（ふきの４％糖分）……大さじ1/2
塩（ふきの１％）……ミニスプーン1/2
木の芽……適量

①竹の子の根元側は輪切りか半月切りにし、穂先側はくし形に切る。熱湯に通し、だしで５分ほど煮、うす口しょうゆとみりんで調味して15分煮含める。
②新しいなべに削りガツオを入れてからいりし、①の竹の子を汁けをきって入れてまぶす。
③ふきはゆでてから水にさらし、皮をむいて水にさらす。水けをきり、ａを合わせて煮立て、ふきを入れて混ぜながら１～２分煮る。煮汁とふきと分け、さめたら再び合わせて味を含ませ、３～４㎝長さに切る。
④器に②の竹の子と③のふきを盛り合わせ、竹の子の上に木の芽を天盛りにする。
１人分28㎉　塩分0.6 g

竹の子、イカ、うどの木の芽みそ和え

64ページ

●材料／４人分
ゆで竹の子……200 g
煮汁
だし……1/2カップ
うす口しょうゆ（竹の子の0.5%塩分）……小さじ1
砂糖（竹の子の1.5%）……小さじ1
イカの胴……皮をむいたもの100 g
塩（イカの１％）……小さじ1/6
酒（イカの15％）……大さじ1
うど……100 g
熱湯……2カップ
酢（水の３％）……大さじ1
塩（水の１％）……小さじ2/3
木の芽みそ
練りみそ
西京みそ※１（主材料の0.8%塩分）……64 g
信州みそ※２（主材料の0.2%塩分）……６ g
砂糖（主材料の４％糖分）……大さじ1
みりん（主材料の４％糖分）……大さじ1
だし……大さじ1
木の芽……10枚
青寄せ※３……小さじ1/2
木の芽……４枚
※１　西京みその塩分５％
※２　信州みその塩分12%
※３　青寄せの作り方／ほうれん草の葉100 g、塩小さじ1/2、水１カップをミキサーにかける。漉し器で漉した緑色の水を火にかけて煮立て、緑色の苔のようなものをすくいとり、ペーパータオルに包んで水につけて冷やす。

①竹の子は１㎝の角切りにし、熱湯にさっと通す。うどは皮を厚めにむき、１㎝くらいの小さめの乱切りにし、分量の熱湯に酢と塩を加えて３分ゆでる。
②なべに煮汁の材料を入れて煮立て、竹の子を10分煮、①のうどを最後に入れて温める。皿に広げてさます。
③イカは両面に鹿の子の切り目を入れ、１cm角に切る。分量の塩と酒を煮立ててさっと煮、皿に広げてさます。
④小なべに２種のみそと砂糖を入れて混ぜ合わせ、みりんとだしでときのばし、弱火にかけてポッテリとなるまで練り上げ、さます。
⑤木の芽をすり鉢ですりつぶし、青寄せを加えさらにする。④の練りみそを加えてすり混ぜて木の芽みそを作る。
⑥②③を⑤の木の芽みそで和えて器に盛り、木の芽を飾る。
１人分74㎉　塩分1.6 g

◆皐月（五月）

豆腐の田楽　木の芽みそ　赤みそ

67ページ

●材料／４人分
もめん豆腐……１丁（300 g）

西京みそ……60ｇ
砂糖（みその20％糖分）……小さじ2
酒・みりん……各大さじ1
だし……小さじ1　卵黄……½個分
木の芽……少量
青寄せ（126㌻竹の子、イカ、うどの木の芽あえ参照）……小さじ1
（以上、木の芽みそ）

桜みそ※……50ｇ
砂糖（みその40％）……20ｇ
だし……小さじ2
（以上、赤みそ）

白ごま……小さじ½

※なめみその一種。大麦こうじを原料に熟成させたみそに、砂糖や水あめなどを加えて加熱して作られたもの。甘味が強く、黒褐色。八丁みそ対西京みそ＝1対1で代用できる。

①木の芽みそは、西京みそに砂糖、酒、みりん、だしを混ぜ、弱火にかけてポッテリとなるまで練り、卵黄を入れて、ポッテリと仕上げ、さます。
②すり鉢に刻んだ木の芽を入れてすり、青寄せを加えてよくする。①を加えてよく混ぜる。
③赤みそは、桜みそに砂糖を入れて混ぜ、だしでときのばし、弱火にかけてぽってりとなるまで練り、さます。
④豆腐はふきんに包んでまな板の上に置き、上にもまな板を置いて20分程度おいて水切りをし、12等分にし、串を刺す。200℃のオーブンで8分焼き、薄く焼き目がつくまで焼き、②と③のみそを半分ずつ塗ってさっとあぶる。
⑤器に盛り、木の芽みその上に木の芽をおき、赤みその上にごまをふる。

1人分138㎉　塩分1.7ｇ

わらびのしょうが浸し　67ページ

●材料／4人分

わらび……アク抜きしたもの200ｇ
a
しょうゆ（わらびの1％塩分）……小さじ2
だし……大さじ2

酢（わらびの3％）……小さじ1
しょうがの搾り汁……小さじ1

①わらびは3～4㎝長さに切る。熱湯でわらびを適度なかたさにゆで、そのままざるにあげる。
②ボールに①を入れ、aのだし割りじょうゆをかけて味つけし、汁をきる。
③酢としょうがの搾り汁を合わせてしょうが酢を作り、②を加えて和え、器に盛る。

1人分11㎉　塩分0.4ｇ

◆水無月（六月）

そら豆のくず煮　68ページ

●材料／4人分

そら豆……むき実200ｇ
a
砂糖（そら豆の20％糖分）……34ｇ
みりん（そら豆の20％糖分）……大さじ1
酒……大さじ1
塩（そら豆の0.5％塩分）……ミニスプーン⅔
うす口しょうゆ（そら豆の0.5％塩分）……少量
水……½カップ

かたくり粉……小さじ1＋水……小さじ2

①そら豆はさやから出して薄皮をむき、熱湯に入れて4分程度ゆでる。
②なべにaを合わせて火にかけ、アルコール分がとんだら①のそら豆を入れて煮る。再沸騰したら水どきかたくり粉を加えてとろみをつける。

1人分96㎉　塩分0.2ｇ

竹の子とマスの包み焼き　68ページ

●材料／4人分

マス……160ｇ
漬け汁
しょうゆ（マスの約2％塩分）……大さじ1
みりん……大さじ1
酒……大さじ1

ゆで竹の子……200ｇ
a
だし……1カップ
みりん（竹の子の3％糖分）……大さじ1
うす口しょうゆ（竹の子の1％塩分）……小さじ2

竹の子の皮……4枚　木の芽……16枚

①マスはそぎ切りにし、漬け汁に10分漬ける。
②竹の子は食べやすく切り、aで10分煮る。
③竹の子の皮1枚に①のマスと②の竹の子をのせて包む。これを4人分作り、200℃に熱したオーブンで5分焼く。途中で漬け汁をマスと竹の子に2回塗ってかわかす。でき上がりに木の芽を散らす。

1人分93㎉　塩分1.0ｇ

◆文月（七月）

ハモ皮きゅうりの酢の物　70ページ

●材料／4人分

ハモ皮……50ｇ　しょうゆ……少量

きゅうり……2本（200ｇ）
塩（きゅうりの1％）……小さじ⅓

生しいたけ……3枚（30ｇ）
a
だし……大さじ1
みりん・しょうゆ……各小さじ1

糸三つ葉……20ｇ　白ごま……10ｇ

三杯酢
酢（主材料の8％）……大さじ1⅔
砂糖（主材料の2％）……小さじ2
塩（主材料の1％塩分）……小さじ⅓
しょうゆ（主材料の1％塩分）……小さじ1
だし……大さじ2

①ハモ皮はあぶって焼き、途中、身側にしょうゆを2～3回塗りながら焼く。骨を抜いて細く刻む。三杯酢の材料を混ぜ合わせ、ハモ皮に少量ふりかける。
②きゅうりは小口から輪切りにし、分量の塩をふって5分おき、汁けを絞る。しいたけはaを合わせて煮立てた中でさっと煮、細く切る。三つ葉はさっと湯通しして水にとり、3㎝長さに切る。
③ごまはいって包丁で刻み、切りごまにする。
④①②を混ぜ合わせ、三杯酢を少量かけて下味をつける。
⑤④を切りごまを振りながら器に盛り、三杯酢をかける。

1人分49㎉　塩分1.0ｇ

氷とうがん、かぼちゃ、オクラの冷やし鉢　70ページ

●材料／4人分

とうがん……160ｇ
a
だし……1カップ
うす口しょうゆ（とうがんの1％塩分）……大さじ½
みりん（とうがんの4％糖分）……大さじ1
b
かたくり粉……小さじ1　水……小さじ2

かぼちゃ……200ｇ
だし……1カップ
c
みりん（かぼちゃの6％糖分）……大さじ2
うす口しょうゆ（かぼちゃの0.8％塩分）……大さじ½

◆長月（九月）

枝豆

74ページ

●材料／４人分

枝豆……さやつきで80ｇ

水……３カップ　塩……小さじ２

塩……少量

①枝豆は洗う。

②分量の水と塩を煮立てて①を入れ、10分ゆでる。

③ざるにあげて塩をふる。

１人分16kcal　塩分0.1ｇ

栗の甘煮

74ページ

●材料／作りやすい分量

栗……渋皮をむいたもの300ｇ

水……1 1/2カップ

砂糖（水の40％）……120ｇ

卵黄……１個分　みりん……小さじ1/2

①栗は鬼皮をむき、渋皮はまず底の部分を平らにむき、次に側面の平らな面を下からとがったほうへ向けてむき、丸みのある面も同様にしてむく。水に30分以上浸してアク抜きする。

②栗が踊らないように深めの竹ざるに入れて沸騰湯で３分ゆでてそのままざるにあげる。

③分量の水と砂糖を合わせ、下ゆでした栗を入れて弱火で20～30分煮て、そのまま一晩おいて味を含ませる。

④卵黄をみりんでとき、栗の甘煮に塗り、オーブンで焼き栗にする。

全量800kcal　塩分０ｇ

きぬかつぎ

74ページ

●材料／４人分

石川芋……８個（150ｇ）

塩……ミニスプーン１　いり黒ごま……少量

①石川芋はたわしでよく洗い、皮つきのままやわらかくなるまでゆでてざるにあげる。

②芋の高さの半分のところにぐるりと切り目を入れ、上半分の皮をむく。すわりがよいように底を少し平らに少し切り落とす。

③器に盛り、皮をむいた部分に塩をふ

深山和え

73ページ

●材料／４人分

鶏ささ身……200ｇ

塩（鶏ささ身の１％）……小さじ1/3

酒……小さじ１

生しいたけ……６枚（60ｇ）

塩（しいたけの１％）……ミニスプーン1/2

きゅうり……１本（100ｇ）

塩（きゅうりの１％）……小さじ1/6

糸三つ葉……20ｇ

和え衣

おろし大根軽く絞ったもの300ｇ

だいだいの搾り汁（大根の８％）……大さじ1 2/3

塩（大根の1.2％塩分）……小さじ1/2

うす口しょうゆ（大根の1.2％塩分）……小さじ1/2

みりん（大根の２％糖分）……大さじ１

①ささ身は筋を除き、分量の塩と酒をふりかける。焼き網を熱して両面に焼き色をつけて火を通し、さめたら細かく裂く。

②生しいたけは軸を切り除き、笠裏の軸に分量の塩をのせ、笠側から焼き、裏返してさっと焼き、せん切りにする。

③きゅうりは３cm長さの短冊切りにし、分量の塩をして５分おいて汁けを絞る。

④三つ葉はさっと塩ゆでし、水にとってさまし、３cm長さに切る。

⑤和え衣の材料を混ぜ合わせ、①②③④を和える。

１人分84kcal　塩分1.1ｇ

さつま芋のレモン煮

73ページ

●材料／４人分

さつま芋……200ｇ

水（芋の100％）……１カップ

砂糖（芋の10％）……大さじ２強

塩（芋の0.3％）……ミニスプーン1/2

酒……大さじ１

レモン汁（芋の５％）……小さじ２

①さつま芋は皮つきのまま２cm厚さの輪切りにし、水にさらす。

②なべに芋とたっぷりの水を入れて火にかけ、沸騰後５分ゆでて湯を捨てる。

③②のなべに分量の水と砂糖を加え、中火で15分煮る。

④塩、酒、レモン汁を加えて中火で５分煮る。弱火にして汁けがなくなるまで煮含める。

１人分86kcal　塩分0.1ｇ

オクラ……４本

d

だし……1/4カップ

砂糖（だしの４％）……小さじ2/3

塩（だしの1.2％）……ミニスプーン1/2

①とうがんは４つに切って皮をむき、水２カップに米大さじ１（分量外）を入れたゆで汁で20分下ゆでする。洗ってａで15分煮含める。煮汁にｂでとろみをつけ、なべ底を水に浸して冷やす。

②かぼちゃは種とわたをを除き、皮を絞りにむき、たっぷりの湯で５分下ゆでする。なべにだしとかぼちゃを入れて火にかけ、煮立ったらｃを加えて20分煮含ませ、とうがんと同様に冷やす。

③オクラはへた側を円錐状にむき、３分塩ゆでする。ｄを煮立ててオクラを入れ、さっと青煮にし、煮汁とオクラを分けてともにとうがんと同様に冷やし、冷えたら煮汁にオクラを戻して浸し、味を含ませる。斜め半分に切る。

④①のとうがんを三角形に切り（氷を意味する）、②のかぼちゃと③のオクラとともに器に盛り合わせる。①の冷やしたあんをかける。

１人分80kcal　塩分0.9ｇ

◆葉月（八月）

なすの直煮

73ページ

●材料／４人分

なす……４個（300ｇ）

煮汁

だし（なすの50％）……3/4カップ

酒（なすの15％）……大さじ３

砂糖（なすの５％糖分）……大さじ１

みりん（なすの５％糖分）……大さじ１

しょうゆ（なすの1.2％塩分）……大さじ1 1/3

おろししょうが……適量

①なすはへたを切り、縦半分にし、皮側に斜めに細く浅く切り目を入れる。水に５分浸してアクを抜く。

②煮汁の材料を合わせて煮立て、なすを皮側から１つ入れ、煮立ったら次を加える、というように１つずつ加える。すべてのなすを入れたら落としぶたをして10分くらい煮る。裏返して５分煮含める。再び裏返してなすの皮側を下にし、なべ底を水に浸して冷やす。

③なすを器に盛り、おろししょうがを天盛りにする。

１人分29kcal　塩分0.6ｇ

◆霜月（十一月）

かぶら蒸し　78ページ

●材料／４人分

- 天王寺かぶ※……２カップ（300ｇ）
- 卵白……１個分
- 塩（かぶの0.5％）……小さじ¼

ウナギの蒲焼き（市販品）１串（120ｇ）
栗麩……８切れ（80ｇ）

あん
- だし……1½カップ
- うす口しょうゆ（だしの１％塩分）……大さじ１
- みりん（だしの２％糖分）…大さじ１
  - かたくり粉（だしの１％）小さじ１
  - 水……小さじ２

わさび……少量
※おろして汁けをきったもの。

①ウナギは串を抜き、４つに切る。栗麩は８つの角切りにする。
②かぶは皮をむいてすりおろし、汁けをきって300ｇ用意する。
③蒸し茶わんの器に①の材料を均等に入れ、蒸気の上がった蒸し器に入れてやや温める程度に５分蒸す。蒸している間に卵白をかたく泡立て、②のかぶに合わせて分量の塩を加え混ぜる。これを等分にのせる。
④さらに５分蒸し、表面が白っぽくなったらとり出す。
⑤別の小なべにあんのだしと調味料を合わせて煮立て、水どきかたくり粉を加えてとろみをつける。これを蒸したての④のかぶら蒸しにトロリとかけ、上にわさびをのせる。
１人分157kcal　塩分2.2ｇ

ふろふき大根　78ページ

●材料／４人分

大根…２㎝厚さのもの４切れ（600ｇ）
だし……１ℓ　こんぶ……10㎝角１枚

ゆずみそ
- 西京みそ（大根の0.8％塩分）……100ｇ
- 砂糖（みその20％糖分）……大さじ１
- みりん（みその20％糖分）……大さじ２
- 酒……大さじ１
- だし……大さじ２
- おろしたゆず皮……少量

ゆず皮のせん切り……薄切り４枚分

①大根は皮をむいて面とりし、底にな

◆神無月（十月）

ほうれん草とえのきたけのお浸し　77ページ

●材料／４人分

ほうれん草……200ｇ
えのきたけ……100ｇ

a
- うす口しょうゆ（主材料の１％塩分）……大さじ１
- だし（しょうゆの３倍容量）大さじ３

①えのきたけは石づきを切って洗い、２カップのゆで湯に酢小さじ１（分量外）を加えた湯で30秒ゆでてざるにあげる。
②ほうれん草は塩ゆでして水にとってさまし、３㎝長さに切る。aのだし割りじょうゆ大さじ½で和えて絞り、①を加えて残りのだし割りじょうゆで和えて器に盛る。
１人分18kcal　塩分0.8ｇ

菊味和え　77ページ

●材料／４人分

- 食用菊（黄菊）……20ｇ
- 食用菊（もってのほか）……20ｇ
- a
  - 酢・砂糖・酒……各小さじ１
  - 塩……ミニスプーン⅓

- イカの胴……100ｇ
- うす口しょうゆ（イカの１％塩分）……小さじ１
- かぼすの搾り汁（イカの７％）……大さじ½

三つ葉の軸……20ｇ
しょうがの搾り汁……小さじ½

①菊の花は花びらを摘み、水２カップに酢大さじ½（分量外）を入れた酢湯で別々にさっとゆでて水にさらし、水けを絞る。aを合わせてそれぞれに半量ずつかけて和える。
②イカは皮をむいて縦に4㎝幅に切り、さっと霜降りして水にとり、水けをふく。薄くそぎ切りにして、うす口しょうゆとかぼすの搾り汁をかける。
③三つ葉はゆでて水にとり、水けを絞って３㎝長さに切る。
④②のイカとしょうがの搾り汁を混ぜ合わせ、①の菊の花と③の三つ葉とともに和え、器に盛る。
１人分27kcal　塩分0.4ｇ

り、ごまを中央に置く。
１人分28kcal　塩分0.1ｇ

ゆり根の甘煮　74ページ

●材料／４人分

ゆり根……はがしたもの20枚

煮汁
- 水……½カップ　酒……大さじ１
- 砂糖（水の９％）……大さじ１
- 塩（水の0.3％）……ミニスプーン¼

①ゆり根は１枚ずつはがして掃除をし、洗って縁を細く削り、水50㎖に酢小さじ１（分量外）と食紅（分量外）を濃いめにといた中に入れて１〜２分ゆで、水にとり、余分の色や酢を洗う。
②煮汁の材料を合わせて煮立て、①のゆり根を入れて弱火で５分煮含める。
１人分32kcal　塩分0.1ｇ

はすの梅肉和え　はすのずんだ和え　74ページ

●材料／各４人分

はす……160ｇ

a
- 酒……大さじ１
- 砂糖（はすの10％）……大さじ1⅔
- 塩（はすの1.5％）……小さじ⅓強
- 酢（はすの12％）……大さじ1⅓
- 水（酢の３倍）……大さじ４

梅肉衣
- 梅干しの果肉……１個分（15ｇ）
- しょうゆ・みりん……各小さじ１

ずんだ衣
- 枝豆……薄皮をむいたもの60ｇ
- 砂糖（枝豆の５％）……小さじ１
- 塩（枝豆の１％）……ミニスプーン½
- 水……大さじ１

①はすは２〜３㎜厚さのいちょう切りにし、３カップの湯に酢大さじ１（分量外）を入れた湯で３分ゆで、水洗いする。
②aを合わせて煮立て、①を入れて混ぜながら約１分煮、皿に広げてさます。
④梅干しを裏ごしし、しょうゆとみりんと合わせ、½量のはすを和える。
③枝豆をやわらかく塩ゆでし、さやから出して薄皮をむき、すり鉢ですりつぶし、さらに裏ごしする。砂糖と塩を加えて混ぜ、水を加えてとろりと練り上げる。②の残りのはすと和える。
はすの梅肉和え　１人分20kcal　塩分0.7ｇ
はすのずんだ和え　１人分37kcal　塩分0.2ｇ

季節の汁物

◆睦月（一月）

白みそ仕立て　小かぶ　焼小餅　しいたけ　壬生菜　ときがらし

84ページ

●材料／4人分

- 小かぶ……8個（300g）
- 米のとぎ汁……適量
- a 二番だし……1カップ
- a 塩（だしの0.6%）……ミニスプーン1
- もち……2個（80g）
- 小粒しいたけ……4枚（20g）
- 壬生菜……20g
- だし……3カップ
- 白みそ※（だしの0.8%塩分）……96g
- 水どきからし……適量

※白みその塩分5%。

①小かぶは茎側を切り落とし、皮を六角にむき、米のとぎ汁でかために5分ゆでる。水でぬめりを洗い、aで10分煮含める。

②しいたけはさっと焼く。壬生菜を塩ゆでし、水にとって冷やし、水けを絞って3cm長さに切る。もちは半分に切り、汁を仕立てる直前に両面に焼き目をつけて焼く。

③だしを温め、白みそをとき入れてひと煮立ちさせ、アクを除く。

④わんにそれぞれ①のかぶ、②のもちとしいたけと壬生菜を盛り、③の汁を張る。からしをかぶの上に落とす。

1人分120kcal　塩分1.6g

◆如月（二月）

粕汁

84ページ

●材料／4人分

- 塩ザケ……1切れ（60g）
- 大根……100g
- にんじん……40g
- 里芋……100g
- こんにゃく……60g
- 油揚げ……20g
- 板酒粕……50g　だし……4カップ
- みそ（だしの0.3%塩分）……20g
- せり……10g

ってこすり、ぬめりを洗う。2カップの湯で霜降りにし、水にとってぬめりを洗い、5cm幅に切る。

④アナゴの煮汁を煮立てて③のアナゴを入れて7分煮る。

⑤春菊はかたい軸を除き、塩（分量外）を入れた4カップの湯でゆでて水にとってさまし、水けを絞り、食べやすく切る。

⑥春菊の煮汁を煮立て、⑤の春菊を入れて混ぜながら1分煮る。煮汁と春菊を別々にさまし、さめたら合わせて味を含ませる。

⑦②④⑥を盛り合わせ、針しょうがを天盛りにする。

1人分133kcal　塩分1.8g

タイかぶら

80ページ

●材料／4人分

- タイのあらと骨つきの切り身……8切れ（500g）
- かぶ（聖護院かぶ）……面とりしたもの600g
- だし……3カップ
- こんぶ……10cm角1枚
- 酒……1カップ
- 塩（タイとかぶの0.6%塩分）……小さじ½
- うす口しょうゆ（タイとかぶの0.6%塩分）……大さじ1
- みりん（タイとかぶの1%糖分）……大さじ2
- 針ゆず……少量

①タイは表裏をさっと焼いて洗う。

②かぶは葉を切り除き、皮をむく。適当な大きさに切り、面とりをする。水5カップに米大さじ1（分量外）を入れた湯で10分ゆで、水にとって洗う。

③なべにだしとこんぶを入れて煮立て、酒を加えて①のタイを入れて再沸騰したら5分煮る。

④②のかぶを加えて塩、うす口しょうゆ、みりんを加えて弱火で静かに20分煮含ませる。

⑤器に盛り、針ゆずをのせる。

1人分145kcal　塩分1.2g

る側に隠し包丁を十字に入れ、湯4カップに米大さじ1（分量外）を加えた中で、やわらかくなるまで20分ゆで、湯で洗う。

②なべにだしを入れ、だしこんぶを底に敷く。①の大根を入れて火にかけ、30分だし煮をする。

③小なべに西京みそと砂糖を加えてよく混ぜ、みりん、酒、だしを加えてとき混ぜる。弱火にかけて木じゃくしで練りながらとろみがつくまで煮る。おろしたゆず皮をふり入れる。

④器にあつあつの②の大根を盛り、上から③のゆずみそをかけ、ゆずのせん切りを飾る。

1人分104kcal　塩分1.5g

◆師走（十二月）

えび芋、アナゴ、春菊のたき合わせ

80ページ

●材料／4人分

- えび芋（里芋）……300g
- だし……1½カップ
- 酒……大さじ1
- 砂糖（芋の6%糖分）……大さじ1⅓
- みりん（芋の6%糖分）……大さじ1
- 塩（芋の1%塩分）……小さじ¼
- うす口しょうゆ（芋の1%塩分）……大さじ½
- アナゴ……200g
- 煮汁
  - 水……½カップ
  - 酒……¼カップ
  - 砂糖（アナゴの7%糖分）……大さじ1
  - みりん（アナゴの7%糖分）……大さじ1
  - しょうゆ（アナゴの1.2%塩分）……大さじ1
- 春菊……100g
- 煮汁
  - みりん（春菊の2%糖分）……小さじ1
  - うす口しょうゆ（春菊の1.2%塩分）……小さじ1⅓
  - だし……½カップ
- 針しょうが……適量

①えび芋は上下を切り落とし、皮を六面にむく。5カップの水に米大さじ1（分量外）を入れた沸騰湯で8分ゆでて、ぬめりを湯で洗う。

②なべにだしを入れて温め、①の芋を入れて5分煮る。酒と砂糖を加えて5分煮る。塩を加えてさらにやわらかくなるまで10分煮る。みりん、うす口しょうゆを加えて5分煮て味を含ませる。

③アナゴは皮の部分に塩（分量外）を塗

◆皐月(五月)

五月野菜わん　89ページ

●材料／4人分

にんじん……40g
ごぼう……40g
生しいたけ……3枚(60g)
細竹……2本(30g)
うど……40g
そら豆……12個
エビ……4尾
焼き豆腐……50g
- だし……4カップ
- 塩……小さじ2/3
- しょうゆ……小さじ1弱
  (だしの0.6%塩分)
- かたくり粉(だしの1%)……大さじ1弱
- だし……大さじ2

薄焼き卵(あれば)……1枚
木の芽……4枚

①にんじんは3～4cm長さの短冊切りにする。ごぼうは笹がきにし、水にとってアクを抜く。
②しいたけはせん切りにする。細竹は小口から斜め薄切りにする。焼き豆腐は5mm幅の短冊切りにする。
③うどは皮をむき3cm長さの短冊切りにし、酢水(分量外)に浸す。そら豆はさやから出して薄皮をむき、塩ゆでする。エビは背わたを除いて塩(分量外)と酢(分量外)を入れた湯でゆでて殻をむく。
④薄焼き卵は3～4cm長さの短冊切りにする。
⑤なべにだしを入れて火にかけ、温まったら①のにんじんとごぼうを入れて10分くらい煮る。②のしいたけ、細竹、焼き豆腐を加えて煮立ったら塩としょうゆで調味する。だしでといたかたくり粉を加えてとろみをつけて煮立たせ、③のうど、そら豆を加える。ひと煮立ちしたら火を消し、わんに盛る。上に卵の短冊切り、エビをのせ、木の芽を吸い口に添える。

1人分62kcal　塩分1.4g

◆水無月(六月)

カツオのすり流し汁　89ページ

●材料／4人分

カツオの中骨あらのすき身……100g
信州みそ(だしの0.8%塩分)……38g
うど……5cm長さ(20g)
しょうが……1かけ
生わかめ……20g
花麩……10cm(30g)
- だし……3カップ
- 塩……小さじ1/2
- うす口しょうゆ……小さじ1/2
  (だしの0.6%塩分)

①卵焼きのaを混ぜ合わせ、フライパンに油をしいて5mm厚さの卵焼きを作り、油抜きし、花びら形に抜く。うどとしょうがは、皮をむき、薄く切って花びら形に抜く。わかめは水洗いし、食べやすい大きさに切る。花麩は8等分に切る。
②だしを温め、わかめを入れ、塩とうす口しょうゆで調味し、卵焼き、うど、花麩を入れる。吸い口にしょうがを加え、わんに盛る。

1人分35kcal　塩分1.1g

◆卯月(四月)

若竹汁　86ページ

●材料／4人分

ゆで竹の子の穂先……80g
生わかめ……80g
- 吸い地
  - だし……3カップ
  - 塩……小さじ1/2
  - うす口しょうゆ……小さじ1/2
    (だしの0.6%塩分)
- a
  - 二番だし……1カップ
  - 塩……ミニスプーン1
  - しょうゆ……少量

木の芽……4枚

①竹の子は縦に1人3枚あてに薄く切って湯通しする。
②生わかめは洗って熱湯に通す。さっと緑色に変わったら水にとり、筋をとり除いて一口大に切る。
③だしをなべに入れて火にかけ、煮立ったら塩とうす口しょうゆで調味して吸い地を作る。
④aを合わせて煮立て、①の竹の子を2～3分煮る。わかめを加えてさっと煮る。
⑤わんにそれぞれ④の竹の子とわかめを盛り入れ、③の吸い地を張る。木の芽を吸い口として添える。

1人分12kcal　塩分1.2g

①塩ザケはさっと湯に通し、洗って4つに切る。
②酒粕は熱いだし1カップ分を加えしばらくおいてやわらかくし、万能こし器で漉す。
③大根、にんじん、里芋、こんにゃくは1cm角のさいの目切りにし、油揚げは油抜きして1cm角に切る。
④残りのだしを火にかけ、①の塩ザケを入れて5分くらい煮、アクをとり除いて油揚げとせり以外の材料を加える。②の酒粕半量とみそを加え、野菜がやわらかくなるまで10分煮る。
⑤油揚げと残りの酒粕を加え5分煮、細かく切ったせりを散らし入れ、わんに盛る。

1人分110kcal　塩分1.1g

◆弥生(三月)

ハマグリの潮汁　86ページ

●材料／4人分

ハマグリ……8個
うど……5cm長さ(20g)
- 水……4カップ
- こんぶ……5cm角
- 酒……大さじ1
- 塩(水の0.5%)……小さじ2/3
- しょうゆ……数滴

木の芽……4枚

①ハマグリは貝同士をすり合わせながら2回くらい水洗いする。うどは短冊切りにし、水に放す。
②なべに水、こんぶ、ハマグリを入れて火にかけ、弱火で7分くらいかけて沸騰させ、ハマグリが開いたらこんぶをとり出し、アクを除く。酒を加えて塩で味をととのえ、うどを加えて最後にしょうゆを垂らし、火を消す。
③貝殻から身をはずし、わんにそれぞれ貝殻1個分を入れ、対になるように貝殻に2切れずつ身を置き、うどを盛って熱い汁を注ぎ、木の芽をのせる。

1人分11kcal　塩分1.1g

花吹雪汁　86ページ

●材料／4人分

- 卵焼き
  - a
    - 卵……1個　だし……大さじ1
    - 砂糖・塩……各ミニスプーン1/4
  - 油……適量

②おかひじきは塩ゆでする。
③だしを塩としょうゆで調味して温め、吸い地を作る。
④わんにそれぞれ、①の豆腐を盛り、②のおかひじきをのせ、へぎゆずを置き、③の吸い地を張る。
1人分48kcal　塩分1.0 g

◆神無月（十月）

うずらもどきのつくね汁

92ページ

●材料／4人分

つくね
- 鶏ひき肉 …… 150 g
- 軟骨（鶏肉の10%） …… 15 g
- 卵（鶏肉の10%） …… 15 g
- a
  - 塩（鶏肉と軟骨の1.2%塩分） …… 小さじ⅙
  - しょうゆ（鶏肉と軟骨の1.2%塩分） …… 小さじ1
  - 酒（鶏肉と軟骨の5%） …… 大さじ½
  - みりん（鶏肉と軟骨の2%糖分） …… 大さじ½
- 浮き粉（鶏肉と軟骨の5%） …… 8 g
- こんぶだし …… 大さじ2

b
- 二番だし …… 1½カップ
- 塩（だしの0.6%塩分） …… 小さじ⅙
- しょうゆ（だしの0.6%塩分） …… 小さじ1弱
- みりん（だしの2%糖分） …… 大さじ1

栗麸 …… ½本（40 g）
春菊 …… 40 g

吸い地
- だし …… 3カップ
- 塩（だしの0.6%塩分） …… 小さじ½
- しょうゆ（だしの0.6%塩分） …… 小さじ½

松葉ゆず …… 4枚

①鶏ひき肉はすり鉢に入れる。軟骨を出刃包丁で細かくたたいて加え、すり混ぜる。卵をといて加えてよく混ぜ、aとこんぶだしでといた浮き粉を少しずつ加えてすり混ぜる。
②bを煮立て、①を4等分してつくね形に成形して落とし、弱火でゆっくり8分煮、とり出す。
③栗麸は4等分に切り、②の煮汁で3分煮含め、そのまま煮汁につけておく。
④春菊は葉を摘み、たっぷりの湯で塩ゆでし、水にとる。
⑤だしを温めて塩、しょうゆで調味し、吸い地を作る。
⑥わんにそれぞれ②のつくね、③の栗麸、④の春菊を盛って松葉ゆずを置いて⑤の熱い吸い地を注ぐ。
1人分102kcal　塩分1.6 g

④貝割れ菜は塩ゆでし、水に浸してさまし、水けを絞ってbの半量にさっと浸す。
⑤だしを温めて塩としょうゆで調味し、火からおろし、なべ底を氷水に浸して冷やす。
⑥①の冷たい卵豆腐を四角く4等分に切り、わんに盛る。②のにんじんと③のしいたけと④の貝割れ菜を添え、⑤の冷たい汁を張り、へぎゆずを卵豆腐に置く。
1人分87kcal　塩分1.7 g

◆葉月（八月）

冷やしとろろ汁

90ページ

●材料／4人分

大和芋 …… 200 g
- だし …… 2カップ
- a
  - 塩（芋とだしの0.6%塩分） …… 小さじ⅓
  - しょうゆ（芋とだしの0.6%塩分） …… 小さじ½

蓴菜 …… 60 g
青ゆず（皮をすりおろす） …… 少量

①だしを温めてaで調味し、なべ底を水に浸し、冷たくない程度に冷やす。
②大和芋は皮をむいてすり鉢の刻み目ですりおろす。①のだしを少しずつ加え、とろみを見ながらすりのばす（だしの量は芋の種類によって異なるので加減する）。冷やす。
③蓴菜は洗ってわんにそれぞれ入れ、②のとろろ汁を張り、ふりゆずを吸い口とする。
1人分57kcal　塩分0.7 g

◆長月（九月）

満月豆腐汁

92ページ

●材料／4人分

- 絹ごし豆腐 …… 1丁（300 g）
- 二番だし …… 2カップ
- 塩（二番だしの0.6%） …… 小さじ⅖

おかひじき …… 40 g
- だし …… 3カップ
  - 塩（だしの0.6%塩分） …… 小さじ⅓
  - うす口しょうゆ（だしの0.6%塩分） …… 大さじ½

ゆず皮 …… 適量

①豆腐は4つ丸く型抜きする。二番だしに塩を加えて火にかけて温め、豆腐を入れて温める。

かたくり粉 …… 小さじ2
だし …… 3カップ
絹ごし豆腐（さいの目切り） …… 150 g
細青ねぎ（小口切り） …… 2本

①カツオのすき身、または、刺し身用の切れ端などを刻んですり鉢に入れてする。
②みそを加えてすり、かたくり粉を加えてすり混ぜ、冷たいだしを少しずつ加えてときのばす。
③なべに②を移して火にかけ、かき混ぜながら加熱し、赤い色が灰色になったら火を弱め、混ぜるのを止めて、静かに温めながら沸騰するのを待ち、途中、アクをとり除く。
④澄んだ汁になったら豆腐を加え、再び煮立ったら火を消し、わんに盛ってねぎを散らす。
1人分70kcal　塩分1.3 g

◆文月（七月）

卵豆腐の冷やしわん

90ページ

●材料／4人分

卵豆腐
- 卵 …… 4個分（200 g）
- だし（卵の150%） …… 1½カップ
- 塩（卵とだしの0.5%塩分） …… 小さじ⅓
- うす口しょうゆ（卵とだしの0.5%塩分） …… 小さじ½

- にんじん …… 7 cm
- a
  - 二番だし …… 1カップ
  - 塩（だしの0.5%） …… 小さじ⅙

- 生しいたけ …… 4枚
- 貝割れ菜 …… 40 g
- b
  - 二番だし …… 1カップ
  - 塩（だしの0.5%） …… 小さじ⅙

- だし …… 3カップ
- 塩（だしの0.5%塩分） …… 小さじ½弱
- しょうゆ（だしの0.5%塩分） …… 数滴

青ゆずの皮 …… 少量

①卵豆腐の材料を混ぜ合わせて卵液を作り、流し缶に入れる。蒸気が上がった蒸し器に入れて中火で3～4分、表面の色が変わったら弱火にして12～15分蒸す。流し缶を水に浸して冷やす。
②にんじんは扇面切りにしてaで煮て、冷やす。
③生しいたけは笠を上にして持ち、笠をたたいて汚れを落とす。軸を切り除いてさっと洗い、笠に飾り切りをする。塩と酒各少量（分量外）をふって下味をつけて焼く。bの半量に浸す。

季節の春のお菓子

草餅　30ページ

●材料／4人分

上新粉……80 g
熱湯（上新粉の90%）……70mℓ
白玉粉……10 g　水……大さじ1
砂糖……大さじ1
よもぎ（粉の25〜30%）……30 g
水……3カップ
ジュウソウ（水の0.3%）……約2 g
粒あん……100 g

①上新粉は湯を一気に加えてこねる。
②白玉粉は水を少しずつ入れて混ぜる。
③①がさめてから②を合わせてよくこね、砂糖を加えてこね混ぜる。
④蒸し器に蒸し布を敷き、③の生地を2つに分けて丸く平らにしてのせ、生地が透き通るまで強火で20〜30分蒸す。
⑤よもぎはよく洗い、分量のジュウソウを入れた熱湯で1分半ゆでて、水にとって冷やす。水けを絞り、すり鉢でよくすってペースト状にし、とり出す。
⑥④の蒸し上がったもちをきれいなすり鉢に入れ、打ち水をしながらすりこ木でもちつきをする。⑤のよもぎを加え、なめらかになるまでこね混ぜる。
⑦一口サイズにちぎって器に盛り、粒あんをかける。
1人分154kcal　塩分0 g

桜餅　30ページ

●材料／4個分

道明寺糒……70 g
微温湯（40〜60℃）…90mℓ　食紅…少量
砂糖……大さじ1
こしあん 100 g　桜の葉の塩漬け…4枚

①こしあんは4等分して丸める。
②桜の葉の塩漬けを洗って塩けをややとる。
③耐熱ガラスボールに道明寺糒を入れ、微温湯と食紅を入れて色づけし、30分浸水させる。ラップをピタリとかけて600Wの電子レンジで3分加熱し、そのまま5分蒸らす。
④砂糖を加え混ぜて4等分し、①のあ

◆霜月（十一月）

カキ豆腐の汁　95ページ

●材料／4人分（流し缶[13×8.5×5.5 cm]1缶分）

a
カキのむき身……200 g
もめん豆腐……100 g（汁けを絞って80 g）
卵……1個
だし……大さじ2
塩（カキと豆腐の0.5%）……小さじ¼

b
まいたけ……60 g
二番だし……1カップ
塩（だしの0.5%塩分）……小さじ⅙

小松菜……40 g

吸い地
だし……3カップ
塩（だしの0.6%塩分）……小さじ½
しょうゆ（だしの0.6%塩分）……小さじ½

白こしょう……少量

①カキは塩（分量外）をふり、ざるに入れて振り洗いして水けをふく。豆腐は80 gになるように絞る。
②aをすべてミキサーに入れ、ねっとりするまで混ぜる。
③流し缶に入れて蒸気の上がった蒸し器に入れて中火で2分、弱火にして20分蒸す。四角く4等分に切る。
④まいたけは小房にほぐしてbで煮てとり出す。小松菜は塩ゆでして水にとり、4 cm長さに切る。まいたけの煮汁に入れて温める。
⑤だしを温めて塩としょうゆで調味し、吸い地を作る。
⑥③の温かいカキ豆腐と④の舞たけと小松菜をそれぞれわんに盛って⑤の吸い地を注ぎ、こしょうをふる。
1人分74kcal　塩分1.8 g

◆師走（十二月）

キンメダイの信州蒸し　95ページ

●材料／4人分

キンメダイ……4切れ（200 g）
塩（キンメダイの0.5%）……小さじ⅙
酒……大さじ1
ゆでそば……200 g

ほうれん草……40 g
しいたけ……4枚
a
二番だし……1カップ
塩（だしの0.5%塩分）……小さじ⅙弱
しょうゆ（だしの0.5%塩分）……2滴

だし……3カップ
塩（だしの0.6%塩分）……小さじ½
しょうゆ（だしの0.6%塩分）……小さじ1
ねぎ……5 cm

①キンメダイは切り身を観音開きにして分量の塩と酒をふり、5分おく。
②ゆでそばは①の切り身の寸法にそろえて切る。ねぎは芯の部分は除き、白い部分を繊維に垂直にせん切りし、水に放す。水けをきって白髪ねぎを作る。
③キンメダイの身側にそばを1/4量ずつ入れて包み、皿に皮目を上にして置く。蒸気の上がった蒸し器に入れ、中火で7〜10分蒸す。
④ほうれん草は塩ゆでし、水にとって水けを絞り、5 cm長さに切る。盛る直前、aを温めた中にしいたけとともに入れて温める。
⑤だしを温めて塩としょうゆで調味し、吸い地を作る。
⑥蒸したての③、④のほうれん草としいたけをともにそれぞれのわんに盛り、⑤の熱い吸い地を張って白髪ねぎを天盛りにする。
1人分156kcal　塩分1.0 g

とかし、280gになるまで、煮つめる。
③ボールに生こしあんを入れて②を少しずつ加え手早く混ぜる。再びなべに戻し入れて塩を加え、煮立ったらアクをとり除く。火から下ろし、なべ底に冷水をあてて40℃くらいになるまで混ぜながらさます。
④水でぬらした流し缶に注いで、冷蔵庫に入れて冷やしかためる。
⑤流し缶の四方とようかんのすき間に包丁を入れ、まな板の上にそっとあけて形を整えて、4等分に切る。
1人分93kcal　塩分0g

わらび餅

56ページ

●材料／4〜6人分（20×13cmのバットなどの容器1箱分）

- わらび粉……100g
- 水……2½カップ
- 砂糖……40g

きな粉……40g
黒みつ……½カップ

①なべにわらび粉、水、砂糖を入れ、木じゃくしでよく混ぜる。
②わらび粉がとけたら火にかけ、木じゃくしでたえずなべ底全体をかき混ぜる。途中まだら状になるが、全体が完全に透明になるまで5〜10分くらいかけて練り混ぜる。火から下ろし、あら熱をとる。
③容器にきな粉を約半量敷いて②を入れ、上を平らにならし、残りのきな粉を平均にふりかける。そのままおいてかためる。それを冷蔵庫に入れて冷たく冷やす。
④かわいたまな板に紙を敷き、その上に③を伏せてあけ、一口大の三角や角切りにし、きな粉を充分にまぶして器に盛る。黒みつをかけていただく。
1人分（¼量）289kcal　塩分微量

季節の夏のお菓子

柏餅

56ページ

●材料／8個分

- 上新粉……150g
- 湯……110mℓ
- かたくり粉（上新粉の10%）……15g
- 水……大さじ2

くちなし色素（黄色）……少量
こしあん……120g

みそあん
- 生白あん……50g
- 砂糖……40g
- 白みそ……30g

柏の葉……8枚
※みそあんは、生白あん対砂糖対白みそ＝5対4対3

①上新粉は湯を一気に加えてこねる。4個くらいにちぎって平たく丸め、ぬれぶきんを敷いた蒸し器に入れて強火で15分蒸す。
②①をボールにとり、粘りが出るまで練り混ぜ、水どきかたくり粉を少しずつ加えながら、手水をつけてこねる。½量はそのまま白色、残りはくちなし色素を加えて黄色にする。
③それぞれの生地を4等分し、白色はこしあん、黄色はみそあんを包み、蒸気の上がった蒸し器で5分蒸す。
④白色の③は柏の葉の裏側に置いて包み、黄色は柏の葉の表側に置いて包む。
こしあん1個分118kcal　塩分0g
みそあん1個分133kcal　塩分0.4g

水ようかん

56ページ

●材料／4人分（流し缶[13×8.5×5.5cm]1缶分。400g）

- 粉かんてん（仕上がり量の0.4%）……小さじ½強（1.6g）
- 水……1カップ
- 砂糖（仕上がり量の30%）……120g
- 塩（仕上がり量の0.08%）……ミニスプーン¼

生こしあん（仕上がり量の30%）120g

①なべに分量の水を入れ、粉かんてんをふり入れて5分以上ふやかす。
②①を火にかけ、煮立ってかんてんが完全にとけたら砂糖を加えて混ぜて煮

んを包み、長円形に形作る。②の桜の葉の表が内側になるように包む。同様にして合計4個作る。
1個分113kcal　塩分0g

花びら餅

30ページ

●材料／4個分

ぎゅうひ
- 白玉粉……30g　水……60mℓ
- グラニュー糖……60g　水あめ……15g
- 梅肉（裏ごしする）……小さじ1

かたくり粉（手粉用）……少量

みそあん
- 白あん……100g
- 白みそ……20g

ごぼうのみつ漬け※……8本
※ごぼうのみつ漬けを作る。ごぼうは洗い、10cm長さ5mm太さの棒状のものを8本作る。なべに3カップの水と酢大さじ1を入れた湯でごぼうがやわらかくなるまでゆで、冷水にさらす。10%濃度の砂糖水を作って火にかけ、ごぼうを入れて火を消し、一晩おいてみつ漬けにする。翌日、中火にかけて沸騰させ、ごぼうをとり出し、なべに残ったみつを2〜3分煮つめる。ごぼうを戻し入れて火を消し、そのままさまし、みつをよく切る。

①白あんと白みそを合わせて練ってみそあんを作り、4個の長円形に丸める。
②ぎゅうひを作る。なべに白玉粉を入れ、分量の水を少しずつ注ぎながらかき混ぜる。だまができないようにとき、弱火にかけて練る。途中、グラニュー糖を3回に分けて加え、よく練り混ぜる。最後に水あめを加えてよく練り混ぜ、まとまる程度にする。
③②のぎゅうひの⅔量をとり出し、かたくり粉を広げた上にとる。手にかたくり粉をつけてぎゅうひを4等分にちぎる。手のひらで丸めてからめん棒で6cm位の幅の長円形にのばす。
④なべに残しておいた⅓量のぎゅうひに梅肉を加え、弱火にかけて練り混ぜる。かたくり粉の上にとり出し、4等分にちぎって丸めて菱形にのばす。
⑤③の白いぎゅうひを縦長に置き、④のピンクのぎゅうひを重ね、①のみそあんを中央より少し手前に置き、ごぼうのみつ漬けを中央に2本添える。
⑥ぎゅうひを二つ折りにし、おさえて形を整える。同様にして合計4個作る。
1個分156kcal　塩分0.4g

季節の献立

ひな祭りの献立　96ページ

五目ちらしずし　114㌻参照

ハマグリの潮汁　131㌻参照

サザエのつぼ焼き　120㌻参照

ふきの白和え　125㌻参照

◎ひなあられ

●材料／４人分

切りもち……４×５㎝のもの２切れ

- 白
  - 砂糖……30ｇ　水……大さじ１
  - しょうが汁……小さじ½
- 赤
  - 砂糖……30ｇ　水……大さじ１
  - 食紅＋水（合わせてとく）……各少量
- 緑
  - 砂糖……30ｇ　水……大さじ１
  - 抹茶＋湯（合わせてとく）…各小さじ¼

①切りもちを５㎜角に切る。ざるに広げて約１週間干す。

②茶封筒（Ａ４型）に①のかわいたもちを⅓量ずつ入れ、600Ｗの電子レンジでそれぞれ２分加熱する。

③３色別々に、なべに材料を入れて中火にかける。泡が小さくなってねっとりしてきたら木じゃくしで混ぜて火から下ろし、②のもちを入れて混ぜる。

１人分136㎉　塩分０ｇ

花見弁当の献立　98ページ

サヨリの桜じめ　120㌻参照

花吹雪汁　131㌻参照

豆腐の田楽　木の芽みそ　赤みそ　126㌻参照

竹の子とエビのつくね揚げ　126㌻参照

竹の子の土佐煮　ふきの青煮　126㌻参照

桜強飯　115㌻参照

◎小ダイの風干し

●材料／４人分

- 春日ダイ…２尾（三枚におろしたもの60ｇ）
  - 塩……小さじ１　水……１カップ

酒……適量

①小ダイは三枚おろしにして中央の小骨を除き、立て塩（塩水）に約20分浸す。

②水けをふき、酒をふりかけて、風通しのよい日陰に１時間ほど干す。

③焼き網で焼く。

のおろした芋を入れて折りたたむようにして粉となじませる。

③打ち粉をしたまな板にとり、均一の太さの棒状にまとめて、10等分に切り分ける。１個ずつ平たい丸形にのばし、①のあんを包んで丸め、腰高に形作り、経木を敷く。

④蒸気の上がった蒸し器に並べ入れ、強火で約15分蒸す。ざるや網などにのせてさます。経木をはずして盛る。

●応用

織部まんじゅう／白地の生地の1/6量に抹茶を練り込んで白色に緑色を少し添える。

菊花まんじゅう／蒸す前に包丁の背で花形に縦に筋をつけ蒸す。黄色でめしべの色つけをする。

若草まんじゅう／よもぎを上新粉と合わせて若草色の生地にする。

１個分134㎉　塩分０ｇ

黄身しぐれ　82ページ

●材料／4個分

- a
  - 白こしあん……100ｇ
  - 卵黄……10ｇ
  - 上新粉……小さじ１
- b
  - 白こしあん……50ｇ
  - 食紅……少量

小豆こしあん……100ｇ

①ｂの白こしあんを食紅で染めて紅あんを作る。

②小豆こしあんは４等分して丸める。

③②の小豆あんを芯にして①の紅あんを上に重ねて丸める。

④ａの白こしあんに卵黄と上新粉を加えてよく混ぜ、外の皮として③の全体をおおい、ふきんで丸く形を整える。

⑤蒸気の上がった蒸し器で２分蒸す。亀裂ができればよい。

１個分107㎉　塩分０ｇ

季節の秋冬のお菓子

栗蒸しようかん　82ページ

●材料／8切れ分（15×16×５㎝の蒸し缶１缶分）

こしあん……500ｇ

強力粉（あんの10％）……50ｇ

かたくり粉（あんの2.5％）……12ｇ

塩（あんの0.3％）……小さじ¼

- a
  - 水＋栗の煮汁……100～120ｇ
- 栗の甘煮
  - 栗……15個
    - 水……２カップ
    - ミョウバン（水の0.5％）…２ｇ
  - くちなしの実……１個
  - 水……½カップ
  - 砂糖（水の50％）……50ｇ

①栗の甘煮を作る。栗は鬼皮をむき、縦に渋皮をむいて分量の0.5％のミョウバン水に一晩浸す。そのまま火にかけ、くちなしの実をガーゼに包んで入れて煮立てる。弱火にして10分ゆでて水洗いし、ざるにとる。なべに分量の水と砂糖、栗を入れて弱火で10分煮含める。

②ボールにこしあん、強力粉、かたくり粉、塩を入れて混ぜ、ａを加えながら練り混ぜる。

③蒸し缶に②のあんの半量を平らに流し入れ、①の栗を並べて残りのあんを流し入れて平らにする。

④蒸気の上がった蒸し器に入れ、強火で１時間蒸す。

⑤充分にさまして形よく切る。

１切れ分201㎉　塩分0.2ｇ

薯蕷まんじゅう　82ページ

●材料／10個分

山芋（大和芋）……40ｇ

上新粉……90ｇ

砂糖……130ｇ

こしあん……300ｇ

打ち粉（上新粉）……少量

経木……10枚

①こしあんは10等分して丸める。山芋は細かいおろし器ですりおろし、空気を含ませる。

②ボールに上新粉と砂糖を合わせ、①

ぎんなん……8個
酢ばす（蛇籠。114ページ五目ちらしずし参照）……20ｇ
揚げ油

①豆腐はふきんに包み、重石をのせて400ｇになるまで汁けを絞る。豆腐をすり鉢ですり、割りほぐした卵を少しずつ加えながらすり、おろした大和芋、塩、みりんを順に加え、なめらかになるまでよくする。
②ごぼうは短い笹がきにして水にさらす。にんじんは２cm長さのせん切りに、きくらげは水でもどし、せん切りにする。ぎんなんは殻をむいてゆでて薄皮をむき、１個を３つの輪切りにする。
③ごぼう、にんじん、きくらげをごま油でさっといためる。
④②③を①に加えて木じゃくしでさっくりと混ぜてまとめる。12等分にして小判形にまとめ、150℃に熱した揚げ油でゆっくり揚げる。色づいてきたら温度を170℃に上げてさらに４分くらい色づくまで揚げる。
⑤蛇籠は、はすを４cm長さに切り、皮をむく。穴のあいている面からかつらむきをするように薄く８cm長さくらい剥く。酢を入れた湯で3分ゆで、114ページの酢ばすと同量の調味液で煮る。
⑥器に④の飛龍頭を盛り、⑤の酢ばすを丸めて蛇籠にしてつけ合わせる。
１人分286kcal　塩分0.6ｇ

◎白うりとみょうがと焼きしいたけのごま酢和え

●材料／４人分
白うり……150ｇ
塩（うりの１％）……小さじ¼
みょうが……３個（60ｇ）
生しいたけ……４枚（40ｇ）
ごま酢
練り白ごま（主材料の８％）……20ｇ
酢（主材料の６％）……大さじ1
だし（酢と同量）……大さじ1
砂糖（主材料の２％）……大さじ½
うす口しょうゆ（主材料の0.8％塩分）……小さじ2

①うりは縦半分に切って種を除く。5mm厚さに切り、分量の塩をふり、ざるに広げて30分干す。
②みょうがは小口切りにして水にさらし、水けをきる。生しいたけは焼いてうす切りにする。③しいたけの石づきを切り除き、かさの汚れた部分を切り除く。包丁の刃元で縦に５mm間隔に浅く切り目を入れて茶せん形にし、５分水にさらす。水けをふく。

た部分を切り除く。包丁の刃元で縦に５mm間隔に浅く切り目を入れて茶せん形にし、５分水にさらす。水けをふく。
②170℃に熱した揚げ油で、全体が紫色になり、やわらかくなるまで４分まわしながら揚げる。
③天つゆの材料をひと煮立ちさせる。
④揚げたてのなすのへたを上にして、軽くひねって器に盛る。③の熱い天つゆとおろし大根を添える。
１人分49kcal　塩分0.3ｇ

お盆の献立　102ページ

冷やしとろろ汁　132ページ参照
氷とうがん、かぼちゃ、オクラの冷やし鉢　127ページ参照
枝豆ごはん　117ページ参照

◎ごま豆腐

●材料／４人分（12×12cmの流し缶１缶分）
すり白ごま……40ｇ
a
くず……40ｇ　こんぶだし……２カップ
酒……大さじ1　塩……小さじ¼
かけ汁
だし……¾カップ
しょうゆ…大さじ2　みりん…大さじ1
おろしわさび……適量

①ボールにすりごまとａを入れて混ぜ、ガーゼか漉し器に通して裏ごしする。
②なべに入れて火にかけ、木じゃくしをなべ底につけながら練る。沸騰したら弱火にして20分練る。流し缶の内側をぬらして流し入れて氷水で囲い冷やす。
③かけ汁の材料をなべに入れ、ひと煮立ちさせる。冷蔵庫で冷やす。
④②のごま豆腐を４等分にして器に盛り、③のかけ汁をかけ、わさびを添える。
１人分100kcal　塩分0.3ｇ

◎飛竜頭

●材料／４人分
もめん豆腐２丁（汁けを絞って400ｇ）
大和芋（豆腐の10％）……40ｇ
卵（豆腐の10％）……40ｇ
塩（豆腐の0.5％）……小さじ⅓
みりん（豆腐の0.5％）……小さじ1
ごぼう・にんじん……各20ｇ
きくらげ……もどしたもの20ｇ
ごま油（材料の５％）……小さじ1

骨を骨抜きし、分量の塩水に20分程度浸す。尾先に金串を刺して陰干しにして半生状態にする。
②焼き網であぶり、皮目に酒を塗る。
１人分29kcal　塩分0.1ｇ

◎大根の桜漬け

●材料／４人分
大根……50ｇ
塩（大根の１％）……ミニスプーン½弱
梅漬けの赤じそ……２枚

①大根をいちょう切りにして分量の塩をふり、しんなりとなったら汁けを絞る。
②赤じそを刻んで①と和える。
１人分２kcal　塩分0.1ｇ

◎菜の花のこぶじめ

●材料／４人分
菜の花……100ｇ
塩（菜の花の0.5％）……ミニスプーン½弱
こんぶ……10cm長さ２枚

①菜の花は洗って、塩（分量外）を入れた湯で30秒くらいゆでて、水にとって水けを絞る。分量の塩を全体にふる。
②こんぶをふきんでふき、①の菜の花をはさんで、ラップでぴっちりと包んで冷蔵庫に１時間以上おいてしめる。
１人分９kcal　塩分0.1ｇ

七夕の献立　100ページ

キスのこぶじめ 糸造り　121ページ参照
アジのしそ揚げ　122ページ参照
さつま芋のレモン煮　128ページ参照
五色そうめん　116ページ参照

◎茶せんなす

●材料／４人分
小なす……８個（200ｇ）　揚げ油
※天つゆ
だし（なすの100％）……１カップ
しょうゆ（だしの２％塩分）……大さじ1⅓
みりん（だしの４％糖分）大さじ1⅓
おろし大根……100ｇ
※天つゆの容量の割合＝だし対しょうゆ対みりん＝10対１対１

①小なすはへた先を残し、ひらひらし

年越しそばの献立　108ージ

かぶら蒸し　129㌻参照
小ダイのけんちん焼き　124㌻参照
ゆずの甘煮　124㌻参照
ほうれん草とえのきたけのお浸し　129㌻参照
年越しそば　119㌻参照

節分の献立　110ページ

粕汁　130㌻参照
イワシの卯の花ずし　120㌻参照
稲荷ずし　113㌻参照
いり豆ごはん　113㌻参照

◎漬けマグロの角造り

●材料／4人分

マグロの赤身……150g
しょうゆ……大さじ1
みりん……大さじ½
おろし大根……大さじ4
おろしわさび……適量

①マグロは角造りにし、しょうゆとみりんをからめ、10分程度おく。
②器におろし大根を敷き、①のマグロを盛り、わさびを添える。
1人分40kcal　塩分0.3g

◎升かぶと大豆こんぶ

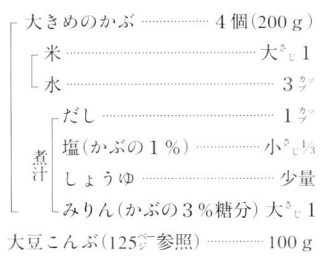

●材料／4人分

大きめのかぶ……4個(200g)
米……大さじ1
水……3カップ
煮汁
だし……1カップ
塩(かぶの1%)……小さじ⅓
しょうゆ……少量
みりん(かぶの3%糖分)大さじ1
大豆こんぶ(125㌻参照)……100g

①かぶは皮をむき、ます形に切って茎側から四角くくり抜く。米を入れたゆで湯で10分ゆでる。
②かぶを水洗いして、煮汁で煮含める。
③器に②のかぶを盛り、大豆こんぶを入れる。
1人分17kcal　塩分0.4g

◎栗の渋皮煮

●材料／作りやすい分量

栗……鬼皮をむいたもの300g
砂糖(水の40%)……120g
水(栗と同量)……1½カップ
しょうゆ(水の0.3%塩分)……小さじ1

①栗は鬼皮をむき、水1ℓにジュウソウ0.3%(3g)を加えた中に渋皮つきのまま入れ、水から5分ゆでる。
②湯を捨て、新しい水を加えて煮立て、5分ゆでてこぼす。これを4回くり返して水洗いをする。渋皮の筋やけばなどをきれいに掃除する。実割れしたものや傷ついたものは省く。
③分量の砂糖と水を合わせ、②の栗を入れて弱火で20〜30分煮る。しょうゆを加えてそのまま一晩おいて味を含ませる。
全量665kcal　塩分0g

◎ゆず松たけと水菜のお浸し

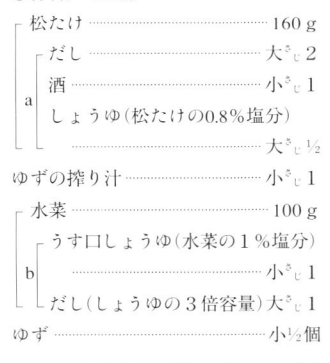

●材料／4人分

松たけ……160g
a
だし……大さじ2
酒……小さじ1
しょうゆ(松たけの0.8%塩分)……大さじ½
ゆずの搾り汁……小さじ1
水菜……100g
b
うす口しょうゆ(水菜の1%塩分)……小さじ1
だし(しょうゆの3倍容量)大さじ1
ゆず……小½個

①松たけは石づきを削り除き、縦に細く裂く。aのだしと酒でいり煮にし、汁けが出たらしょうゆを加えてすぐ火から下ろし、ゆずの搾り汁をかけてさます。
②水菜は塩ゆでし、水にとって冷やし、3cm長さに切る。bのだし割りじょうゆを小さじ1かけて下味をつけ、軽く絞って残りのだし割りじょうゆで和え、器に盛る。
③①の松たけを添えて盛り、煮汁をかける。4等分に切ったゆずを添える。
1人分17kcal　塩分0.5g

③ごま酢の調味料を合わせ、みょうがを少量飾り用にとりおき、①②を和える。器に盛ってみょうがを飾る。
1人分46kcal　塩分0.5g

月見の献立　104ページ

アワビの酒蒸し　122㌻参照
満月豆腐汁　132㌻参照
サバの柚庵焼き　123㌻参照
きぬかつぎ　128㌻参照
栗の甘煮　128㌻参照
枝豆　128㌻参照
はすのずんだ和え　129㌻参照
菊おこわ　117㌻参照

紅葉狩りの献立　106ページ

ひと塩アマダイ 丹波栗　123㌻参照
うずらもどきのつくね汁　132㌻参照
マナガツオの西京焼き　119㌻参照
菊花かぶ　123㌻参照
サンマの有馬煮　123㌻参照
ゆり根の甘煮　129㌻参照
吹き寄せおこわ　118㌻参照

◎卵焼き

●材料／4人分

卵……3個(150g)
だし(卵の30%)……大さじ3
砂糖(卵の5%)……小さじ2½
塩 (卵の0.7%塩分)……小さじ⅙
しょうゆ (卵の0.7%塩分)……2〜3滴
油……適量
ししとう……8本
油……適量
塩……少量

①ボールに卵を割りほぐし、だしに調味料を入れてとかし、卵に加え混ぜる。
②卵焼き器に①の卵液の⅓量を流し入れ、火にかけて半熟状に焼き、手前に細長く巻く。同じ要領で残りの卵液を2回に分けて流し入れて焼いては巻くをくり返し、最後に表面に薄い焼き色をつける。
③熱いうちに巻きすにとって細長い棒状に形を整えて巻く。4等分に切る。
④ししとうは、金串に刺して油を塗り、網焼きして塩をふる。
1人分96kcal　塩分0.4g

日本のおもな行事食

月日	名称	供される食物
1月1日	元旦	屠蘇《とそ》　おせち　雑煮　鏡餅
1月7日	人日《じんじつ》　七草	七草がゆ
1月11日	鏡開き	しるこ
1月15日	小正月	小豆《あずき》がゆ
2月3日	節分	豆料理　イワシ料理
3月3日	上巳《じょうし》の節句　桃の節句	白酒　草餅《もち》　菱餅
3月21日	彼岸《ひがん》	ぼたもち
4月8日	灌仏会《かんぶつえ》　花祭り	甘茶
5月5日	端午《たんご》節句	粽《ちまき》　柏餅　菖蒲酒
7月7日	七夕	そうめん

月日	名称	供される食物
7月土用の日	土用の丑《うし》の日	ウナギ
8月13日	お盆	精進料理
9月9日	重陽《ちょうよう》の節供	菊酒　栗飯
9月15日	十五夜(中秋の名月)	月見団子　枝豆　きぬかつぎ　芋名月
9月23日	彼岸《ひがん》	おはぎ
11月15日	七五三	千歳飴《あめ》
11月23日	新嘗祭《にいなめさい》	収穫された米　野菜を使った料理
12月22日	冬至	冬至かぼちゃ　かゆ
12月31日	大晦日	年越しそば　年越し料理

二十四節気

一年を二十四等分した、旧暦での季節を表わしたもの、現在でも季節の節目を示す言葉として使われている。

季節	旧暦	節気	新暦(概略)	
春	一月	立春(りっしゅん)	二月四日ごろ	「春立つ」ともいう。節分の翌日のこの日から、暦の上では春になる。立春以降、初めて吹く南風を“春一番”という。
		雨水(うすい)	二月十九日ごろ	雪が雨に変わり、雪どけが始まるという日。近づく春の気配に、草木の芽が出始めるという意味がある。
	二月	啓蟄(けいちつ)	三月六日ごろ	土の中で冬ごもりしていた虫(蟄)が目覚め、穴を開いて(啓いて)地上に出てくる日。日差しも徐々に暖かくなってきて、生き物たちを活気づける。
		春分(しゅんぶん)	三月二十一日ごろ	この日、太陽は天の赤道上にあり、真東から出て真西に沈む。昼と夜の長さが同じになる日。春の彼岸の中日にあたる。気候も春めいてくる。
	三月	清明(せいめい)	四月五日ごろ	万物清く陽気になる時期という意味。中国では、このころになると墓参りや野遊びをする風習がある。
		穀雨(こくう)	四月二十日ごろ	晩春の暖かな雨は、百穀を潤し、発芽を促すという意味。
夏	四月	立夏(りっか)	五月六日ごろ	かつては、この日から夏に入るとして、「夏立つ」「夏来る」ともいった。一年中で最良の季節の始まりは、暦の上ではこの日から。
		小満(しょうまん)	五月二十一日ごろ	日の光はいっそう輝きを増し、草木が茂り、天地に満ちはじめるという意味。
	五月	芒種(ぼうしゅ)	六月六日ごろ	芒とは「のぎ」といい、稲や麦などの実に見られる剛毛状の突起を指し、これらの穀物の種をまく時季。十日過ぎには梅雨に入り、田植えも始まる。
		夏至(げし)	六月二十一日ごろ	一年で最も昼の時間が長い日。太陽が最も北(北回帰線の真上)に来る。日本では、梅雨の最盛期に当たる。
	六月	小暑(しょうしょ)	七月七日ごろ	暦の上では、これからが夏本番。しかし梅雨はこの月の中ごろまで続くので、気温が上がるにつれて蒸し暑さが増す。
		大暑(たいしょ)	七月二十三日ごろ	暑さが一年中で最も厳しくなるという意味。これからは真夏日が続く。
秋	七月	立秋(りっしゅう)	八月八日ごろ	「秋立つ」ともいい、暦の上では秋。この日以後の暑さを残暑という。しかし、実際にはまだ猛暑が続くことが多い。
		処暑(しょしょ)	八月二十三日ごろ	暑さがやむという意味。朝夕しだいに冷気が加わってくる。
	八月	白露(はくろ)	九月八日ごろ	「つゆ」の美称。葉の上の露が白く見えるという意味から。ようやく秋の気配が加わってくる。
		秋分(しゅうぶん)	九月二十三日ごろ	秋の彼岸の中日。太陽は天の赤道上にあり、真東から昇って真西に沈む。昼夜同時間。「暑さ寒さも彼岸まで」と古くからいわれる。
	九月	寒露(かんろ)	十月八日ごろ	露が寒さのため凍ってしまうのではないかというほど、冷気を感じるころ。
		霜降(そうこう)	十月二十三日ごろ	朝夕の気温が下がり、霜が降り始めるころの意味。
冬	十月	立冬(りっとう)	十一月七日ごろ	「冬立つ」といわれ、暦の上では冬の到来。真冬への態勢をととのえる。
		小雪(しょうせつ)	十一月二十二日ごろ	雪が降り始めるころの意味。北国からは雪の便りが、そして吹く北風も時折肌をさす。
	十一月	大雪(たいせつ)	十二月七日ごろ	激しく降る雪、多く降り積もった雪、大雪などの意味。本格的な冬の到来。
		冬至(とうじ)	十二月二十二日ごろ	北半球では太陽の南中高度が最も低く、昼間が最も短い日。ゆず湯につかり、かぼちゃを食べて災厄を払う習慣がある。
	十二月	小寒(しょうかん)	一月五日ごろ	新年を迎えて、「寒の入り」。この日から二月の節分までは、一年中で最も寒い時季。
		大寒(だいかん)	一月二十日ごろ	一年で最も寒さの厳しいころ。冬も極まれば春近し。

季節のおもな食材一覧

季節	月	魚介類	野菜類ほか	香りのもの	植物など
春	三月	アイナメ　サヨリ　シマアジ　シラウオ　ニシン　菱カレイ　貝類（アオヤギ　アカガイ　アサリ　サザエ　タイラガイ　トリガイ　ハマグリ　ホタテガイ　ミルガイ）	しいたけ　竹の子　ふき　嫁菜　わかめ　わらび	浜防風《はまぼうふう》　蕗《ふき》の薹《とう》　むら芽	七草 春の摘み草 桃花
	四月	アイナメ　アマダイ　イカ　サクラダイ　サヨリ　シラウオ　チダイ　ヒラメ　ホシガレイ　メイタガレイ　メバル	うど　ぜんまい　竹の子　たらの芽　菜の花　生海苔《のり》　春キャベツ　ふき　わらび	木の芽　桜の花の塩漬け　桜の葉の塩漬け　花ざんしょう	桜花 菜の花
	五月	アイナメ　イイダコ　イセエビ　カツオ　ササガレイ　サヨリ　トビウオ　ホタルイカ　マアジ　マナガツオ　ヤリイカ	オクラ　グリーンアスパラガス　グリーンピース　さやえんどう　ぜんまい　そら豆　竹の子　たらの芽　根三つ葉　ふき　山うど　わらび	木の芽　青ざんしょう　実ざんしょう　新茶	卯《う》の花 菖蒲　藤 牡丹《ぼたん》　蓬《よもぎ》
夏	六月	イサキ　イシモチ　イボダイ　イワナ　カツオ　カマス　カレイ　カンパチ　キス　シマアジ　タカベ　稚アユ　ドジョウ　ハマチ　フッコ　ヤマメ　ヤリイカ	うど　きゅうり　小松菜　じゃが芋　セロリ　そら豆　竹の子　つまみ菜　トマト　ピーマン　三つ葉　みょうが　みょうが竹	青じそ　花穂じそ　穂じそ　新しょうが　新茶　防風《ぼうふう》　みょうが　柳たで　わさび	青梅 紫陽花 花菖蒲
	七月	アユ　アナゴ　アワビ　イシダイ　イシモチ　イボダイ　ウナギ　キス　コチ　スズキ　タカベ　ドジョウ　ハモ　マダコ　マアジ	青とうがらし　枝豆　かぼちゃ　賀茂なす　きゅうり　ごぼう　さやいんげん　白うり　ずいき　とうがん　とうもろこし	青じそ　花穂じそ　みょうが　花柚子《ゆず》　花丸きゅうり　わさび	朝顔 笹 睡蓮《すいれん》
	八月	アナゴ　アワビ　イシモチ　イボダイ　ハモ　オコゼ　落ちアユ　カマス　川エビ　コチ　スズキ　タカベ　タチウオ　マダコ	枝豆　おかひじき　きゅうり　子芋　さつま芋　ししとうがらし　蓴菜《じゅんさい》　トマト　なす　はす　ピーマン	青じそ　青ゆず　実ざんしょう　みょうが	青紅葉《あおもみじ》 向日葵《ひまわり》 水引草《みずひきそう》
秋	九月	秋味（サケ）　アナゴ　アワビ　イセエビ　イボダイ　コハダ　クルマエビ　サイマキエビ　サバ　マス	秋なす　柿　菊の花　ぎんなん　栗　里芋　とうがらしの葉　はす　松たけ　むかご　山芋　りんご	菊の花	女郎花《おみなえし》 桔梗《ききょう》 薄《すすき》　撫子《なでしこ》 野菊
	十月	アマダイ　カツオ　キンメダイ　サワラ　サンマ　タイ	いちじく　栗　春菊（菊菜）　水菜　きのこ類（えのきたけ　エリンギ　きくらげ　しめじ　なめこ　ひらたけ　ぶなしめじ　まいたけ　松たけ）	菊の花	いちょう 菊 秋桜 紅葉《もみじ》
	十一月	アマダイ　オコゼ　カキ　キンキ（キチジ）　キンメダイ　小柱　サケ　サワラ　スルメイカ　タイラガイ　トコブシ　ナマコ　ハタハタ　フグ　ブリ　マナガツオ　ムツ	かぶ　銀杏《ぎんなん》　にんじん　大根　白菜　ほうれん草　きのこ類（えのきたけ　エリンギ　きくらげ　しめじ　なめこ　ひらたけ　ぶなしめじ　松たけ　まいたけ）	ゆず	ウメモドキ 落ち葉 山茶花《さざんか》 茶の花 ツワブキ
冬	十二月	アンコウ　エビ　イシガレイ　カキ　カニ　クエ　スケトウダラ　タイ　フグ　ブリ　マダラ　マナガツオ　ムツ	京にんじん　ごぼう　聖護院《しょうごいん》かぶ　大根　ちしゃとう　にんじん　ねぎ　白菜　はす　冬キャベツ　壬生《みぶ》菜	ゆず　ねぎ	南天
	一月	アコウダイ　アマダイ　カニ　寒ブリ　キンメダイ　サケ　サワラ　タラ　ナマコ　ヒラメ　ホウボウ　マナガツオムツ	青味大根（雑煮大根）　うぐいす菜　えび芋　金柑《きんかん》　くわい　大根　ちょろぎ　七草　白菜　ほうれん草　ゆり根	ゆず　ねぎ	松　梅　竹 裏白《うらじろ》 千両　万両 楪《ゆずりは》　福寿草
	二月	アオヤギ　アンコウ　イシガレイ　イワシ　寒ゴイ　寒サワラ　寒シジミ　寒ヒラメ　キンキ（キチジ）　シラウオ　ムツ　ワカサギ	うど　小松菜　春菊　せり　大根　つくし　菜の花　白菜　畑菜　蕗《ふき》の薹《とう》	ねぎ　蕗《ふき》の薹《とう》 芽甘草《めかんぞう》　ゆず	梅 椿《つばき》　柊《ひいらぎ》 猫柳

栄養価一覧（1人分）

掲載した数値は、『日本食品標準成分表2010』（文部科学省編）の数値に基づき、計算した。

		エネルギー	たんぱく質	脂質	炭水化物	ミネラル（無機質）				ビタミン						コレステロール	食物繊維総量	食塩相当量
						ナトリウム	カリウム	カルシウム	鉄	A（レチノール当量）	D	E	B_1	B_2	C			
ページ	料理名	kcal	g	g	g	mg	mg	mg	mg	μg	μg	mg	mg	mg	mg	mg	g	g
●季節のごはん物																		
6	七草がゆ	152	2.8	0.4	32.7	471	113	28	0.8	39	0	0.2	0.05	0.03	6	0	0.5	1.2
6	小豆がゆ	190	5.0	0.6	39.4	469	218	11	1.0	0	0	0.1	0.09	0.03	0	0	2.3	1.2
6	雑煮（関西風）	183	5.2	1.0	38.0	421	573	65	1.4	120	0.2	0.6	0.11	0.10	15	0	3.2	1.1
6	雑煮（関東風）	179	9.0	2.9	28.1	547	371	65	1.1	96	0.3	0.4	0.08	0.10	13	18	1.2	1.4
9	いり豆ごはん	387	13.2	4.3	70.7	386	432	62	2.4	10	3.2	0.8	0.23	0.07	0	17	3.5	1.0
9	稲荷ずし（1個分）	101	6.5	4.3	12.0	214	50	40	0.6	14	0	0.4	0.02	0.01	0	0	0.3	0.5
9	巻きずし	358	14.0	4.1	66.1	904	485	50	1.7	100	1.0	0.8	0.12	0.27	5	123	3.8	2.5
10	五目ちらしずし	473	16.9	4.8	89.1	1612	614	67	2.0	243	1.0	1.3	0.16	0.25	12	123	4.2	4.1
10	嫁菜飯	308	5.5	0.8	66.6	294	156	15	1.1	56	0	0.5	0.09	0.05	4	0	1.2	0.7
12	竹の子ごはん	301	8.2	1.9	60.3	477	297	12	0.8	3	0.2	0.3	0.10	0.08	3	8	1.4	1.2
12	桜強飯	298	7.2	0.9	62.2	270	94	25	0.8	14	4.6	0.2	0.08	0.02	0	24	0.4	0.7
12	菜種ごはん	329	9.4	3.4	61.8	192	184	22	1.5	46	0.5	0.5	0.17	0.16	5	105	2.3	0.5
14	わらび飯	302	7.1	2.4	60.0	527	123	36	1.0	8	1.8	0.5	0.07	0.04	0	10	1.0	1.3
14	ちまきずし（1個分）	102	5.2	1.3	16.4	164	139	11	0.3	2	0.8	0.4	0.06	0.02	微量	21	0.3	0.4
14	手綱すし（1本分）	254	17.3	1.1	40.7	459	450	31	0.7	1	1.2	0.9	0.07	0.17	1	91	0.2	1.1
17	アユおこわ	382	13.9	6.8	62.0	188	243	184	1.4	192	7.0	3.4	0.14	0.09	1	68	0.4	0.5
17	新茶葉飯	271	4.8	0.7	58.3	274	89	8	0.8	11	0	0.8	0.06	0.03	3	0	0.8	0.7
18	五色そうめん	295	13.7	4.7	48.2	978	372	48	1.2	216	0.6	0.8	0.12	0.21	8	115	3.6	2.5
18	ハモ皮ごはん	326	9.7	2.6	62.7	402	247	31	0.9	12	1.0	0.6	0.08	0.07	1	15	1.6	1.0
21	アナゴ飯	347	13.0	5.1	58.6	419	268	49	0.7	260	0.2	1.2	0.06	0.10	3	70	0.6	1.1
21	枝豆ごはん	302	7.5	2.2	60.1	352	214	18	1.3	6	0	0.5	0.14	0.05	7	0	1.6	0.9
22	むかごごはん	291	5.7	0.7	62.7	416	253	9	0.8	0	0	0.2	0.09	0.03	2	0	1.2	1.1
22	菊おこわ	318	5.8	1.0	68.5	157	218	8	0.9	5	0	1.2	0.12	0.04	5	0	1.2	0.4
22	萩おこわ	375	9.2	1.4	78.1	196	446	18	1.8	4	0	0.6	0.19	0.06	3	0	3.9	0.5
24	サバ棒ずし（1本分）	1073	52.8	25.8	148.0	2027	1573	96	4.0	54	22.0	2.1	0.47	0.62	2	128	3.9	5.1
24	栗ごはん	330	5.9	1.9	69.6	463	240	37	1.1	1	0	0.2	0.15	0.05	13	0	2.2	1.2
26	タイ飯	349	15.2	6.0	54.5	341	306	10	0.7	6	4.0	1.3	0.23	0.06	4	36	0.5	0.8
26	吹き寄せおこわ	405	12.9	1.3	83.2	679	497	33	1.5	73	0.6	1.0	0.21	0.12	15	51	3.0	1.7
26	赤飯	285	6.3	1.9	58.2	391	169	33	1.2	0	0	0.2	0.10	0.03	0	0	1.9	1.0
28	年越しそば	204	8.4	1.2	40.4	1135	266	25	1.6	0	0	0.3	0.21	0.08	4	0	2.3	2.9
28	松前強飯	380	15.7	5.9	62.2	405	252	20	0.9	40	11.4	0.7	0.14	0.11	1	50	0.6	1.0
●季節の魚料理																		
32	マナガツオの西京焼き　きんかん甘煮	158	12.9	8.2	6.7	354	296	24	0.3	69	3.8	1.3	0.18	0.10	6	53	0.5	0.9
32	たたきごぼう	34	0.9	1.1	5.8	83	89	36	0.4	0	0	0.2	0.02	0.01	1	0	1.7	0.2
32	数の子	26	3.9	0.8	0.8	234	8	3	0.1	1	4.3	0.2	0	0.01	0	58	0	0.6
32	田作り	48	8.0	0.7	2.1	125	195	300	0.4	0	3.6	0.1	0.01	0.01	0	86	0	0.3
35	イワシの塩焼き	170	15.0	10.5	2.2	331	325	62	1.4	30	7.5	0.5	0.03	0.27	4	49	0.5	0.8
35	イワシの卯の花ずし	32	2.4	1.9	1.1	36	44	14	0.3	9	1.1	0.1	0.01	0.04	0	21	0.5	0.1
35	イワシの卯の花和え	56	3.2	2.9	3.7	57	74	27	0.6	18	1.2	0.3	0.03	0.06	0	49	1.5	0.1
36	サザエのつぼ焼き	28	5.5	0.1	1.6	282	156	10	0.3	16	0.2	0.6	0.03	0.05	2	35	0.4	0.7
36	サヨリの桜じめ　苺アカガイ	37	6.2	0.3	2.4	328	159	21	1.2	8	0.5	0.4	0.05	0.07	5	24	0.4	0.8
38	タイの桜蒸し	203	13.2	5.6	22.7	447	339	14	0.3	6	4.0	1.2	0.19	0.06	3	36	0.3	1.1
38	イカの白煮	32	5.0	0.3	2.4	192	98	9	0.2	10	0	0.6	0.04	0.03	9	68	0.5	0.5
40	カツオのたたき	135	26.8	0.6	4.6	433	636	36	2.3	24	4.0	0.5	0.16	0.20	14	30	1.1	1.1
40	カツオの赤身造り	62	13.3	0.3	0.9	250	267	10	1.1	11	2.0	0.2	0.07	0.10	0	60	0.2	0.6
40	アイナメの木の芽焼き	96	14.7	2.6	2.6	398	297	43	0.4	5	6.8	1.3	0.18	0.20	2	57	0	1.0
42	キスのこぶじめ 糸造り	50	9.9	0.2	1.0	202	215	26	0.2	14	4.5	0.3	0.04	0.03	3	50	0.4	0.5
42	カマスの筒切りの塩焼き	106	13.4	5.1	0.7	279	259	30	0.3	13	7.7	0.8	0.03	0.11	6	41	0.4	0.7
44	ハモの落とし	87	11.5	2.7	3.6	158	291	50	0.4	48	2.5	0.7	0.03	0.10	4	38	0.5	0.4
44	アジのしそ揚げ	192	16.9	11.5	3.7	277	422	48	1.1	58	1.8	2.0	0.10	0.19	6	128	1.0	0.7
47	アワビの酒蒸し	41	4.3	0.3	5.1	99	130	7	0.6	3	0	0.4	0.06	0.04	3	29	0.2	0.2
47	タチウオの南蛮焼き	121	7.0	8.4	3.5	266	161	17	0.3	40	5.6	0.6	0.01	0.05	5	29	0.4	0.7
48	秋サバの細造り	110	10.7	6.1	1.6	212	207	10	0.7	13	5.5	1.0	0.09	0.16	3	32	0.5	0.6
48	サバの柚庵焼き　菊花かぶ	163	15.0	8.5	5.1	406	315	14	0.9	17	7.7	0.6	0.11	0.21	5	45	0.4	1.1
50	サンマの有馬煮	337	19.2	24.6	6.0	643	235	35	1.6	13	19.0	1.3	0.01	0.28	0	66	0	1.6
50	ひと塩アマダイ 丹波栗	84	12.0	2.2	3.3	370	277	40	0.3	16	0.6	0.8	0.04	0.05	5	31	0.3	1.0
53	キンメダイの大和蒸し	199	16.3	6.9	17.5	417	637	37	0.7	82	3.7	1.5	0.11	0.07	4	45	1.7	1.0
53	小貝柱と黄菊のおろし和え	35	4.7	0.1	3.7	159	151	12	0.3	6	0	0.6	0.02	0.04	5	5	0.7	0.4
54	小ダイのけんちん焼き　ゆずの甘煮	229	20.0	10.3	13.3	547	491	117	1.6	97	7.6	2.1	0.14	0.15	21	98	2.1	1.3
54	ブリのあられ仕立て小なべ	280	22.1	15.7	11.1	420	624	73	2.1	76	6.0	2.0	0.29	0.35	22	54	1.4	1.0
●季節の野菜料理																		
58	五色なます	100	2.9	5.5	11.5	358	193	126	1.1	48	0.1	0.3	0.06	0.04	6	0	2.8	0.9
58	煮染	138	4.3	1.1	33.2	828	799	38	0.9	175	0.7	0.9	0.14	0.16	20	0	6.5	2.1
60	せりのごま和え	46	2.3	2.8	4.4	181	238	78	1.3	80	0	0.5	0.05	0.08	10	0	1.9	0.4

栄養価一覧（1人分）

掲載した数値は、『日本食品標準成分表2010』（文部科学省編）の数値に基づき、計算した。

ページ	料理名	エネルギー	たんぱく質	脂質	炭水化物	ミネラル（無機質）				ビタミン						コレステロール	食物繊維総量	食塩相当量
						ナトリウム	カリウム	カルシウム	鉄	A（レチノール当量）	D	E	B1	B2	C			
		kcal	g	g	g	mg	mg	mg	mg	µg	µg	mg	mg	mg	mg	mg	g	g
60	大豆こんぶ	54	4.2	2.3	5.2	60	207	29	0.6	5	0	0.4	0.06	0.03	0	0	2.4	0.2
63	ふきの白和え	56	3.1	2.7	5.2	300	172	82	0.6	1	0	0.3	0.04	0.02	1	0	0.8	0.8
63	竹の子とエビのつくね揚げ	155	7.3	10.3	8.7	295	379	32	0.8	14	0	3.4	0.08	0.11	11	43	2.2	0.7
64	竹の子の土佐煮　ふきの青煮	28	2.5	0.1	5.1	250	276	15	0.3	1	0.1	0.5	0.03	0.05	3	2	1.4	0.6
64	竹の子、イカ、うどの木の芽みそ和え	74	7.8	0.8	10.0	619	423	25	0.7	14	0	1.3	0.05	0.08	6	68	2.6	1.6
67	豆腐の田楽 木の芽みそ 赤みそ	138	8.3	5.9	12.9	681	262	140	2.0	15	0.1	0.9	0.08	0.06	1	14	1.8	1.7
67	わらびのしょうが浸し	11	1.0	0.1	2.0	174	24	17	0.4	7	0	0.7	0	0.03	0	0	1.5	0.4
68	そら豆のくず煮	96	5.5	0.1	18.5	79	221	11	1.2	10	0	0.1	0.15	0.10	12	0	1.3	0.2
68	竹の子とマスの包み焼き	93	10.6	3.2	5.9	389	425	17	0.4	26	4.0	1.5	0.07	0.11	4	22	1.7	1.0
70	ハモ皮きゅうりの酢の物	49	4.2	1.8	4.5	406	226	51	0.5	28	0.7	0.4	0.04	0.07	9	9	1.2	1.0
70	氷とうがん、かぼちゃ、オクラの冷やし鉢	80	1.6	0.2	18.6	355	348	26	0.4	171	0	2.7	0.05	0.06	38	0	2.8	0.9
73	なすの直煮	29	1.3	0.1	6.5	242	211	16	0.3	6	0	0.2	0.04	0.05	3	1	1.7	0.6
73	深山和え	84	12.7	0.6	7.4	453	521	30	0.5	23	0.3	0.2	0.09	0.11	17	34	1.9	1.1
73	さつま芋のレモン煮	86	0.6	0.1	21.0	41	238	20	0.4	1	0	0.8	0.06	0.02	16	0	1.2	0.1
74	枝豆	16	1.4	0.7	1.1	39	71	7	0.3	3	0	0.2	0.04	0.02	3	0	0.6	0.1
74	栗の甘煮（全量）	800	11.7	8.2	170.2	13	1279	100	3.6	105	1.2	1.6	0.67	0.31	99	280	12.6	0
74	きぬかつぎ	28	0.8	0.6	5.2	39	247	16	0.3	0	0	0.3	0.03	0.01	2	0	1.0	0.1
74	ゆり根の甘煮	32	0.8	0	7.4	39	148	2	0.2	0	0	0.1	0.02	0.01	2	0	1.1	0.1
74	はすの梅肉和え	20	0.5	0	4.6	275	101	6	0.1	0	0	0.1	0.02	0	10	0	0.5	0.7
74	はすのずんだ和え	37	2.1	1.0	5.4	83	177	13	0.5	3	0	0.3	0.07	0.02	14	0	1.2	0.2
77	ほうれん草とえのきたけのお浸し	18	2.1	0.3	3.8	324	446	26	1.3	175	0.2	1.1	0.12	0.15	18	0	2.4	0.8
77	菊味和え	27	4.8	0.3	1.2	138	132	9	0.2	17	0	1.0	0.03	0.03	3	68	0.5	0.4
78	かぶら蒸し	157	11.6	6.5	13.4	883	381	73	0.8	450	5.7	1.5	0.28	0.30	15	69	1.2	2.2
78	ふろふき大根	104	3.1	0.9	21.0	626	433	55	1.2	0	0	0.2	0.04	0.04	20	0	3.5	1.5
80	えび芋、アナゴ、春菊のたき合わせ	133	7.6	2.9	18.9	700	772	64	1.2	245	0.1	1.6	0.10	0.11	10	42	2.6	1.8
80	タイかぶら	145	12.1	5.6	10.1	492	631	44	0.5	6	4.0	1.2	0.22	0.10	30	36	2.2	1.2
●季節の汁物																		
84	白みそ仕立て	120	4.3	1.0	23.7	633	415	54	1.1	6	0.1	0.3	0.07	0.08	17	0	2.9	1.6
84	粕汁	110	7.7	3.9	9.6	413	395	49	0.8	75	3.5	0.4	0.07	0.09	5	10	2.5	1.1
86	ハマグリの潮汁	11	1.1	0.1	1.4	412	176	23	0.3	1	0	0.1	0.01	0.02	0	4	0.1	1.1
86	花吹雪汁	35	3.0	1.3	3.0	431	136	15	0.4	19	0.2	0.2	0.03	0.07	0	50	0.3	1.1
86	若竹汁	12	1.5	0.1	2.2	456	195	17	0.2	4	0	0.2	0.03	0.04	2	0	1.3	1.2
89	五月野菜わん	62	6.0	0.9	8.5	528	362	42	0.8	71	0.3	0.4	0.10	0.10	7	17	2.1	1.4
89	カツオのすり流し汁	70	9.3	1.4	4.7	505	284	30	1.1	7	1.0	0.3	0.08	0.08	1	15	0.6	1.3
90	卵豆腐の冷やしわん	87	7.5	5.2	2.3	658	266	40	1.0	125	1.1	0.8	0.07	0.27	6	210	0.7	1.7
90	冷やしとろろ汁	57	2.7	0.3	11.8	277	362	10	0.3	0	0	0.2	0.09	0.04	4	0	0.9	0.7
92	満月豆腐汁	48	4.4	2.3	2.6	396	284	53	0.8	28	0	0.4	0.10	0.06	4	0	0.5	1.0
92	うずらもどきのつくね汁	102	10.8	3.5	6.3	604	266	26	0.9	56	0	0.3	0.08	0.13	4	38	0.4	1.6
95	カキ豆腐の汁	74	7.7	3.1	4.0	704	349	102	1.8	55	0.7	1.0	0.11	0.23	5	76	0.7	1.8
95	キンメダイの信州蒸し	156	12.4	5.1	15.0	413	393	33	0.8	67	1.2	1.2	0.08	0.09	6	30	1.8	1.0
●季節のお菓子																		
30	春の菓子／草餅	154	3.2	0.4	33.8	15	120	18	0.9	31	0	0.3	0.04	0.04	2	0	2.1	0
30	春の菓子／桜餅（1個分）	113	3.7	0.3	23.2	1	23	7	0.8	0	0	0.1	0.01	0.01	0	0	1.8	0
30	春の菓子／花びら餅（1個分）	156	3.4	0.5	34.9	154	49	22	1.0	0	0	0.1	0.01	0.01	0	0	2.7	0.4
56	夏の菓子／柏餅　こしあん（1個分）	118	4.1	0.3	23.9	1	35	9	1.0	0	0	0.1	0.02	0.02	0	0	2.1	0
56	夏の菓子／柏餅　みそあん（1個分）	133	4.6	0.6	26.5	171	57	25	1.2	0	0	0.1	0.02	0.02	0	0	3.1	0.4
56	夏の菓子／水ようかん	93	5.9	0.4	16.3	2	36	15	1.7	0	0	0.1	0.01	0.03	0	0	4.1	0
56	夏の菓子／わらび餅	289	4.2	2.4	64.9	10	576	122	28.3	0	0	0.2	0.09	0.05	0	0	1.7	微量
82	秋冬の菓子／栗蒸しようかん（1切れ分）	201	7.1	0.6	41.6	81	58	19	1.9	1	0	0.2	0.03	0.04	0	0	4.9	0.2
82	秋冬の菓子／薯蕷まんじゅう（1個分）	134	3.7	0.3	29.2	2	50	9	0.9	0	0	0.1	0.02	0.02	0	0	2.2	0
82	秋冬の菓子／黄身しぐれ（1個分）	107	6.3	1.2	17.6	5	38	32	1.8	10	0.1	0.2	0.01	0.03	0	28	4.9	0
●季節の献立																		
96	ひな祭りの献立／ひなあられ	136	1.1	0.2	32.4	1	17	2	0.1	0	0	微量	0.01	0.01	0	0	0.2	0
98	花見の献立／小ダイの風干し	29	3.3	1.6	0	47	71	2	0	2	1.2	0.4	0.05	0.01	0	11	0	0.1
98	花見の献立／大根の桜漬け	2	0	0	0.5	41	28	3	0	0	0	0	0	0	1	0	0.2	0.1
98	花見の献立／菜の花のこぶじめ	9	1.0	0.1	1.6	60	105	24	0.2	55	0	0.4	0.03	0.06	28	0	0.9	0.1
100	七夕の献立／茶せんなす	49	0.8	3.1	4.8	122	182	16	0.2	4	0	0.7	0.03	0.03	5	1	1.4	0.3
102	お盆の献立／ごま豆腐	100	2.4	5.4	11.5	127	146	127	1.2	0	0	0.3	0.05	0.03	2	0	1.3	0.3
102	お盆の献立／飛龍頭	286	12.4	20.5	12.3	276	445	197	2.1	50	4.5	3.7	0.17	0.11	12	42	2.2	0.6
102	お盆の献立／白うりのごま酢和え	46	2.0	2.8	4.4	191	175	78	0.7	3	0.2	0.2	0.06	0.05	4	0	1.8	0.5
106	紅葉狩りの献立／卵焼き	96	5.0	6.9	2.8	153	94	21	0.8	61	0.7	1.1	0.03	0.17	6	160	0.4	0.4
106	紅葉狩りの献立／栗の渋皮煮（全量）	665	8.4	1.5	155.3	3	1261	69	2.4	9	0	0.9	0.63	0.21	99	0	12.6	0
106	紅葉狩りの献立／ゆず松たけのお浸し	17	1.6	0.3	4.9	184	304	56	1.1	28	1.4	0.5	0.06	0.08	15	0	2.6	0.5
110	節分の献立／漬けマグロの角造り	40	8.5	0.1	1.0	133	193	7	0.8	2	1.5	0.4	0.02	0.03	3	20	0.2	0.3
110	節分の献立／升かぶと大豆こんぶ	17	0.4	0.1	4.0	147	135	13	0.1	0	0	0	0.02	0.02	9	0	0.7	0.4

あとがき

わが国は、今や食生活が欧米化し、古来からの伝統行事は影が薄くなったり、形骸化したりしようとしています。日本料理は、伝統行事とともに歩み、「ハレの料理」として、米を土台に、四季の山海の産物を巧みにとり入れ、美味を探求し、洗練を重ね、季節ごとに、あるいは四季に合わせて作られてきました。

伝統行事は農業とかかわりが深く、五穀豊穣を祈願したものです。また、一方では、家族の健康を願う目的で、家庭あるいは地域の伝統として脈々と受け継がれてきたものでもあります。しかし、「これぞ行事食」というものは、意外に少ないものです。すなわち、各地域や各家庭によって、行事食に使う食材や作り方に違いが見られるということではないでしょうか。

このようなことから、本書では、「行事食とはこれですよ」と限定するより、旬の食材を生かした料理をあげて、四季のハレの献立として表現しました。

また、料理の作り方は、調味パーセントによって味の伝達ができ、再現性を重要と考えてまとめました。香川綾先生が考えられた表現法を、上田フサ先生、大野富美江先生らが実践された女子栄養大学の調理が伝承されることを願い、すべての料理の作り方に、材料の正味重量、あるいはでき上り重量に対する調味パーセントを示しました。

しかし、先生方も述べられていたように、旬の食材を用いることがテーマであっても、特に野菜などは収穫時期、産地、成熟度などの条件の違いによって、微妙に味が異なるであろうことは当然のことで、この微妙な味わいや風味などを科学的数値によって示すことは不可能に近い難事です。あくまでも調味パーセントは、味つけの目安であって、完璧なものではないこともご理解ください。

現在、日本に伝わる伝統芸術、伝統芸能のすべては、反復練習によって身体にしみ込ませた技術を生かして得たものです。料理に関しても同様で、料理は実際に作って練習を重ね、味は舌で体得して覚えるものです。そしてこれを裏づける意味で、調理科学をもって再確認することが大切と考えられます。

この本は、分量、温度、時間、調味、そのほかをできるだけ正確に示したつもりですが、季節や地域による材料特有の味の変化、熱源の種類によるでき上がりの違い、あるいは盛りつけ方などに、文字ではとうてい表現しえない領域のあることはご承知のとおりです。飽くことなき探究心を持って、このような料理をすることを楽しみながら続けることが上達の秘訣《ひけつ》でしょう。

かつて、上田フサ先生が「日常作る家庭料理は、普段着にも、よそゆきにもなるのです」とおっしゃった言葉は、含蓄のあるものです。いかに日々の料理作りを大切に考えなければならないかを、示唆されていると思います。

最後に、本書を作るにあたり、ご協力をいただきました女子栄養大学調理学研究室の松田康子先生、奥嶋佐知子先生をはじめ助手さんたち、ならびに山下智子さん、大石みどりさん、向後千里さん、福田加代子さん、千葉宏子さんには、料理作りをお手伝いいただき感謝しております。

二〇一一年三月吉日　髙橋敦子

髙橋敦子（たかはしあつこ）

昭和16年、長野県長野市に生まれる。女子栄養大学栄養学部二部栄養学科卒業。女子栄養大学教授。専門は調理学。

◎著書

『素材で考える　家庭料理講座』（毎日新聞社）

『調理学実習　基礎から応用』（女子栄養大学出版部）

『調理学』（光生館）

『新こどもクッキング』（女子栄養大学出版部）

社会通信教育栄養と料理専門料理『日本料理』（女子栄養大学社会通信教育部）

◎参考文献

『食材図典』（小学館）

『食品図鑑』平宏和総監修（女子栄養大学出版部）

『全集日本の食文化』第十二巻　芳賀登・石川寛子監修（雄山閣）

『伝承日本料理』柳原敏雄著（日本放送出版協会）

『日本人の「しきたり」ものしり辞典』樋口清之監修（大和出版）

『日本年中行事辞典』鈴木棠三著（角川書店）

『年中行事を「科学」する』永田久著（日本経済新聞社）

『暮らしの歳時記』（講談社）

『広辞苑』新村出編（岩波書店）

『日本の食文化大系』第八巻　平野雅章著（東京書房社）

『たべもの語源辞典』清水圭一編（東京堂出版）

『和風たべもの辞典』小野重和著（農山魚村文化協会）

『たべものの四季』平野雅章著（講談社現代新書）

『野菜くだもの歳時記』多田鉄之助著　（東京書房社）

『京町家・杉本家の献立帖』杉本節子（小学館）

『供応の演出　春夏秋冬』（『器と料理』別巻）細川護貞他著（同朋社出版）

『素材で考える　家庭料理講座』髙橋敦子著　（毎日新聞社）

撮影／高島不二男

アートディレクション・デザイン／中嶋香織

器協力／ちさと舎

テーブルコーディネート／向後千里

栄養価計算／大石みどり

校閲／くすのき舎

協力／挿絵柄・江戸からかみ 東京松屋

http://www.tokyomatsuya.co.jp

（2〜3ページ・露草、5ページ・光琳蔦、31ページ・呉竹、57ページ・光琳松、83ページ・光琳波、96〜110ページ・露草）

日本の四季 ごちそう暦《ごよみ》

伝えたい旬菜と行事食

発行／2011年3月20日　初版第1刷発行

著者／髙橋敦子

発行者／香川達雄

発行所／女子栄養大学出版部

〒170-8481　東京都豊島区駒込3-24-3

電話　03-3918-5411（営業）

03-3918-5301（編集）

ホームページ　http://www.eiyo21.com

振替　00160-3-84647

印刷・製本　大日本印刷株式会社

ISBN978-4-7895-4616-4